A. BITOT

AUX JEUNES

QUE FAIRE DE LA VIE ?

« Ne dites pas : je veux me sauver. Dites : je veux sauver le monde. C'est là le seul horizon digne d'un chrétien. »
LACORDAIRE.
(*Première lettre à un jeune homme*).

PARIS — 6e
VICTOR RETAUX, LIBRAIRE-ÉDITEUR
82, RUE BONAPARTE, 82

1903

ÉMILE COLIN — IMPRIMERIE DE LAGNY

AUX JEUNES

QUE FAIRE DE LA VIE ?

ÉMILE COLIN, IMPRIMERIE DE LAGNY (S.-ET-M.)

A. BITOT

AUX JEUNES

QUE FAIRE DE LA VIE ?

« Ne dites pas : je veux me sauver. Dites : je veux sauver le monde. C'est là le seul horizon digne d'un chrétien. »
LACORDAIRE.
(*Première lettre à un jeune homme*).

PARIS — 6e
VICTOR RETAUX, LIBRAIRE-ÉDITEUR
82, RUE BONAPARTE, 82

1903

Ces quelques pages, offertes aux jeunes, leur plairont peut-être.

Tout regard sur l'avenir les intéresse, mais ils n'aiment rien tant que de contempler des horizons nouveaux.

Bien des livres peuvent les guider dans la recherche d'une carrière :

Nos Fils, *d'Hugues le Roux.*

L'Annuaire de la jeunesse, *de Vuibert.*

Le Dictionnaire des Professions, *de Charlon,*

et, mieux encore, de M. V. Bettencourt, avocat au barreau de Paris, ses charmants articles : *Au lendemain de l'école,* publiés dans la *Revue de la Jeunesse Catholique.* Là, mille détails, objet, de la part des jeunes gens, d'une curiosité légitime : la filière à suivre, les difficultés, les charges, les honneurs.

Mais, les âmes peuvent et doivent regarder plus haut :

— « Que faire de la vie? Comment atteindre le but : glorifier Dieu et se rendre utile? »

Je vais essayer de leur répondre dans ces causeries, où d'autres pourront trouver l'idée d'un beau livre.

Parcourir quelques-unes des professions les plus en vue, montrer quelles ressources elles offrent à l'influence et à l'apostolat d'un catholique, mettre le tout en lumière à l'aide d'exemples empruntés à l'histoire ou à des souvenirs personnels, voilà mon plan.

Dieu veuille que ces aperçus aident à se décider des âmes hésitantes, élargissent leur idéal et les mettent en garde contre une maladie trop commune, hélas! mais nullement anodine et que Léon Gautier a définie : « La peste de notre temps, le choléra des âmes... » la vulgarité.

Rien n'est plus vulgaire qu'un égoïste, rien n'est plus utile qu'un homme de devoir, rien n'est plus précieux qu'un homme de cœur.

QUE FAIRE DE LA VIE ?

I

LA PROFESSION DES PARENTS

Parmi les carrières offertes aux jeunes gens, beaucoup les font sortir totalement du milieu où ils ont été élevés, où ils ont grandi.

Elles les jettent, pour ainsi dire, hors de leur cadre naturel : la vie et les traditions de famille.

S'offrant à eux avec l'attrait, mais aussi avec les désavantages de l'inconnu, impossible de savoir où elles les mèneront un jour.

Le fils de l'agriculteur veut devenir officier ; le fils du commerçant aspire à la magistrature ; le fils de l'avocat préfère, à la liberté de la parole publique, l'engrenage et les chaînes d'une fonction rétribuée par l'État.

Alors, au début surtout, ce jeune homme a généralement l'air d'un dépaysé, d'un désorienté. — « Où vais-je, se demande-t-il, au succès ou à la ruine ? » — Et, s'il est chrétien : — « Que ferai-je ? Rien ? ou des choses utiles à l'Église, à mon pays ? »

Devant des réponses incertaines, une secrète angoisse lui monte au cœur et son attitude justifie la spirituelle boutade d'un académicien : « D'ordinaire, les jeunes gens de notre époque ressemblent à ces oiseaux voyageurs dont on vient d'ouvrir la cage et qui tournoient longtemps sous le ciel, cherchant à l'horizon leur chemin. »

Mais, à côté de ces carrières, d'autres maintiennent les jeunes gens sur leur terrain d'origine et dans l'atmosphère qu'ils ont toujours respirée.

En pareil cas, le père associe son fils à ses travaux avec l'espérance de le voir un jour lui succéder.

Prendre ainsi la profession paternelle, quand les circonstances le permettent et quand rien n'attire presque irrésistiblement ailleurs, quel immense avantage en vue du bien rêvé par une âme haute et chrétienne !

Elle cherche à glorifier Dieu, à le faire connaître, aimer et servir.

Le moyen nécessaire ? L'influence. L'acquérir vite et l'avoir puissante, n'est-ce pas tout profit pour l'apostolat ?

Or, tel est précisément le privilège réservé au jeune homme dans la carrière de famille. Elle lui apporte une influence puissante et rapide.

Rapide, d'abord.

Pour vous en rendre compte, pénétrez avec moi dans les ateliers d'un grand industriel, à Lyon, à Lille, à Roubaix.

Voyez ces jeunes gens et ces hommes penchés sur leur travail.

Quel mouvement ! quelle activité ! quelle vie !

Mais voyez aussi sur le visage de plus d'un rayonner l'intelligence et la volonté. Ceux-là, vous pouvez le prévoir, ne resteront pas toujours au rang de simples ouvriers.

Devenir chefs de groupe, contremaîtres, contrôleurs, patrons même, qui sait ? Ambition légitime et secret espoir de leur avenir.

Oui, mais la filière est là ; il faut la suivre

avec courage ; ce ne sera pas l'affaire d'un jour.

Maintenant, une hypothèse.

Le directeur et propriétaire de cette industrie, filature, tissage, produits chimiques, peu importe, fait venir près de lui son fils aîné, à la fin de ses études, et il lui dit : « Tu acceptes, c'est entendu, de travailler sous mes ordres, et, plus tard, de diriger à ton tour. — Eh bien! il faut te mettre à l'œuvre immédiatement. Rien de tel, vois-tu, pour bien commander que d'avoir obéi et de connaître son métier à fond. Tu vas donc passer par les divers emplois, les plus faciles d'abord et les plus humbles ; les plus compliqués ensuite et les plus hauts ; alors, quand tu auras tout vu, tout compris, tu prendras la tête des affaires. »

Et le jeune homme intelligent, laborieux, soumis, se met à la besogne.

Mais, n'est-il pas évident qu'aussitôt initié à un genre de travail, on ne le laissera pas y perdre ses forces et y languir ? Il ira de l'avant, et, ainsi, quelques bonds lui feront parcourir les différents degrés de l'industrie. Ses compagnons des premiers jours d'apprentissage sont encore au pied de la montagne, lui est déjà au sommet.

Et nul n'en est surpris, nul n'en est jaloux :

n'est-il pas le fils du maître, n'est-il pas chez son père ?

Et si ce jeune homme a su gagner l'affection de tous, s'il a fait admirer son éducation parfaite, et ce qui est mieux encore, la solidité de la foi et de la vertu d'un vrai chrétien, s'il a su garder cette attitude digne et simple qui impose l'estime et le respect, à la fleur de l'âge il a déjà l'influence de la maturité ; il glorifie Dieu et il aide au salut des âmes sans avoir perdu ni un jour, ni une heure.

A qui donc, autant qu'à lui, s'appliquerait la sentence de Pascal ? « Les fils de pères illustres entrent dans la vie avec une avance de trente années sur leurs contemporains. »

L'influence rapide, telle est donc, vous le voyez, le premier avantage offert à un jeune homme par la profession de sa famille.

Il en est un autre non moins précieux :

La puissance dans l'action.

Voici, je le suppose, un homme connu et aimé ; sa réputation d'intelligence et de droiture, couronnement d'une vie chrétienne, fait de lui un de ces sages toujours consultés. Un mot de sa bouche, un encouragement, un conseil remuent les cœurs et provoqueraient, à l'occasion, des actes de courage pour les nobles causes.

Or, vous êtes le fils de cet homme de bien, de ce fier catholique.

Depuis votre enfance, que de regards fixés sur vous : les serviteurs de la famille, les nombreux amis, les habitants de la petite ville, de la bourgade, du hameau. Objet de leur bienveillance, l'épanouissement de votre esprit, de votre caractère, de votre vertu, rien ne leur a échappé.

Rappelez-vous combien, pendant vos années de collège, à l'époque des vacances, on s'intéressait à vos notes, à vos places, à vos couronnes.

Vous réussissiez et la joie était universelle.

Simple et bon, naturellement vous étiez aimé comme votre père.

Devenu jeune homme, tous se réjouirent de vous voir suivre assidûment les cours d'une faculté ou d'une école supérieure. Vos diplômes furent applaudis.

Peu à peu, à l'affection s'était jointe la confiance, car vous aviez une réputation de science et de loyauté.

Et aujourd'hui? Aujourd'hui, les cheveux de votre père ont blanchi ; sa vigueur d'autrefois a disparu et le fardeau qu'il a longtemps porté conviendrait mieux à vos épaules. Chacun vous attend et vous désire. Acceptez donc l'offre paternelle; à l'œuvre! Bientôt, venant se greffer, pour ainsi dire, sur celle de votre vénérable père, votre influence personnelle sera doublée, n'en doutez pas.

C'est l'histoire des Oberkampf, des Mame, des Chagot, et, dans un ordre d'idées bien différent, des Dupetit-Thouars, des Récamier, des Lenormant et de cent autres qui ont illustré l'industrie, la marine, la médecine, la science.

La race de ces hommes, fidèles aux traditions de famille, n'est pas morte, grâce à Dieu! Beaucoup de jeunes gens sont même actuellement en voie de réaliser, trait pour trait, le tableau de tout à l'heure. Je vous présente l'un d'eux, digne d'être pris pour modèle.

Son père, homme instruit et distingué, est à la tête d'une importante verrerie. Pour l'avenir, il compte sur son fils unique, et ce dernier n'a pas la tentation de se dérober.

Déjà même, à ses heures de loisir, il s'initie aux multiples et délicats travaux de sa carrière future. De plus, il s'occupe des employés et des ouvriers; pour eux il est en train d'établir des œuvres de mutualité et de bienfaisance; il songe aussi à des cours d'instruction religieuse et morale ; quant aux industries récréatives, en faveur des plus jeunes, elles fonctionnent, toujours par lui, depuis des mois.

Mais en même temps, pour porter à son apogée l'influence qu'il veut conquérir, il prépare son doctorat en médecine.

Là, se révèle, dans sa grandeur, l'intelligence de son zèle :

« Médecin, se dit-il, je pourrai rendre à mes ouvriers d'innombrables services ; malades, j'irai les voir et les encourager, je les soignerai de tout cœur. Si le mal s'aggrave, je les avertirai, je leur parlerai de leur âme. J'aurai, je l'espère, la consolation de les voir mourir dans l'amitié de Dieu, car, toute ma vie, j'aurai travaillé à faire d'eux de bons Français et de bons chrétiens. »

Après cela, qu'il faille prendre la place de quelque mauvais conseiller général, du député sectaire de son arrondissement, ne pourra-t-il pas, avec confiance, poser sa candidature ? N'a-t-il pas des chances sérieuses de succès ? Que de cœurs et de dévouements pour lui !

Cette influence rapide et féconde, où l'a-t-il trouvée ? Dans la profession de son père.

Ayez dans chaque département vingt jeunes gens de la trempe de celui-là, et dans quelques années, la France, sous l'action de ces généreux et intelligents catholiques, se relèvera de ses ruines et de sa déchéance, elle retrouvera sa gloire et son auréole ; Dieu y sera, comme jadis, loué, aimé et servi, à titre de premier des Maîtres.

*
* *

C'est donc une précieuse avance qu'une situation toute faite.

Mais, combien de jeunes gens, leurs premières études terminées, n'ont pas cette bonne fortune !

Combien aussi qui pourraient en jouir, y renoncent, faute d'aptitude et de goût !

Aux uns et aux autres s'impose de s'orienter vers le nouveau.

Il faut choisir.

Nombreuses sont les routes ouvertes. Quels avantages offrent-elles aux aspirations d'un catholique convaincu et militant ?

Plus d'un jeune homme, anxieux, cherche la lumière.

Après s'être demandé d'abord si Dieu ne l'appelle pas à l'honneur du sacerdoce ou à l'insigne bienfait de la vie religieuse, qu'il regarde à l'horizon ; le champ est large :

Agriculture,
Industrie et commerce,
Travaux d'ingénieur,
Barreau et magistrature,
Consulats et ambassades,
Carrière des lettres,
Beaux-Arts,
Médecine,
Armée,
Marine.

Que de moyens d'utiliser sa vie par l'influence et l'apostolat !

II

L'AGRICULTURE

II

L'AGRICULTURE

« J'aime la majesté de l'immense nature
« L'écho mystérieux et l'infini murmure
« L'ineffable silence et le calme éternel.

(René F. Saint-Maur.)

Ainsi chantait un jeune poète épris des charmes de la campagne et de la vie d'agriculteur.

Mais, hélas ! pour lui, ce ne fut qu'un rêve ; dans sa fleur, il fut cueilli par la mort.

Dieu veuille, dans le cœur de beaucoup de jeunes gens, faire germer et mûrir ces beaux projets de vie rurale, vie où il est facile de le glorifier.

Elle le glorifie en élevant jusqu'à Lui l'âme de l'agriculteur et en mettant au service du chrétien une abondante source d'influence pour l'apostolat.

*
* *

1° Que l'agriculture élève l'âme, tout le monde le sent et le dit. — Dans ces blés aux épis d'or qui ondulent à la brise comme une mer agitée par le vent du large ; dans ces forêts aux arbres majestueux et jusque dans ces humbles fleurs des champs, fraîches et pures sous la rosée qu'elles embaument de leur parfum, comment l'âme ne monterait-elle pas d'instinct vers l'auteur de ces merveilles et, dans sa reconnaissance, ne chanterait-elle pas gloire à Dieu : Gloire à Dieu créateur, gloire à Dieu providence, gloire à Dieu toute beauté, gloire à Dieu la bonté même, attentif aux moindres besoins de ses enfants !

Cette idée de l'âme humaine élevée par la contemplation de la nature, devait séduire un catholique comme le fut Drouyn de Lhuis, quatre fois ministre de l'empire et, vers la fin de sa carrière, président de la société des agriculteurs de France. Aussi la rappelait-il souvent avec un tact exquis dans ses causeries et ses discours.

Très haut par sa pensée, son bonheur était

d'établir les autres à son niveau, pour la gloire de Dieu.

Tels étaient aussi les sentiments de Berryer : « L'ermite d'Augerville, disait-il de lui-même, cause volontiers avec les bourgeons qui vont s'ouvrir et les oiseaux qui font leurs nids, au milieu de ces joies de la nature qui donnent de la jeunesse aux vieux cœurs. » Sa modestie ne lui permettait pas d'ajouter : « Cet ermite s'entretient plus encore avec Dieu et de Dieu dont le souvenir, ravivé par la vue de ses œuvres, ne le quitte pas. »

⁂

2° Glorifié par l'élévation où l'agriculture maintiendra votre âme, Dieu le sera également par l'usage que vous ferez de votre influence.

Mais, cette influence, comment la conquérir?

Vous auriez tort de croire que l'autorité d'un agriculteur se mesure au luxe de son château ou de sa maison de maître, à l'étendue de son parc et de ses terres.

Ces avantages matériels tout seuls, sont loin de donner l'action à laquelle vous devez prétendre.

Bien autre sera celle qui découlera de vos succès et des services rendus.

Le succès suppose une préparation sérieuse. Vous la trouverez soit à Angers avec le réel avantage de pouvoir préparer une licence, soit à Beauvais.

Dans cette école, dirigée par les Frères, un enseignement technique, contrôlé par la société des agriculteurs de France, et un enseignement pratique donné dans des fermes modèles : Beauséjour, la Mie au Roy, le Marais, vous feront tour à tour, éleveur, agriculteur, horticulteur et jardinier.

La pratique, en agriculture, joue le premier rôle, ne l'oubliez pas.

Aussi, avant de commencer une entreprise quelconque sur vos terres de famille ou sur d'autres que vous aurez acquises, ne procédez pas à la légère.

Le moment est venu de vous en souvenir, vos études doivent avant tout vous aider à connaître avec fruits le *fait*, c'est-à-dire les ressources de votre sol, à vous ; et il serait ridicule de vous croire de prime abord plus habile que les gens du pays, vieillis dans leur métier. Vous aurez soin de les interroger, de les suivre au travail, d'examiner leurs méthodes. Peu à peu, ce qu'ils savent s'ajoutant à votre science personnelle, vous les dépasserez de beaucoup et force leur sera de le reconnaître.

Vous aurez mis, dès lors, votre influence en bonne voie.

Que de moyens de la faire grandir s'offrent à vous.

Par un constant labour, à vos connaissances agricoles, ajoutez-en d'autres !

Ayez des livres sur l'art vétérinaire, des livres sur l'hygiène, des livres de droit. — Etudiez-les. — Vous pourrez vous servir de toutes ces notions, mais avec une extrême prudence, bien entendu.

La pente où vous marchez est glissante ; vous arriveriez vite à des maladresses dont on se souviendrait longtemps.

Avec moins de péril vous pourrez exercer votre initiative sur un autre terrain.

Les syndicats agricoles fournissent à prix réduits les matières qui servent à la culture : phosphates, engrais, semences ; pourquoi ne feriez-vous pas connaître à vos paysans, s'ils l'ignorent, les avantages de ces syndicats et leur fonctionnement !

Les sociétés de secours mutuels réduisent à rien des dépenses, ruineuses pour la bourse des pauvres ; pourquoi ne les encourageriez-vous pas de tout votre pouvoir ?

Les banques Raiffeisen permettent d'emprunter à faible intérêt, dans le pays même où l'on travaille; pourquoi n'essaieriez-vous pas de créer une de ces banques?

Les musiques municipales ou autres donnent de l'entrain et de la vie; pourquoi ne mettriez-vous pas en œuvre, s'il y a lieu, les talents de la jeunesse? — A cette fanfare, il faudra un secrétaire; c'est une fonction plus onéreuse qu'honorifique: chargez-vous-en.

Un détail enfin dont vous auriez grand tort de sourire. Pourquoi n'accepteriez-vous pas un rôle dans les services publics qui réclament du dévouement et du courage?

Voulez-vous, en ce genre, un bel exemple, digne d'être suivi? Un évêque d'Amiens a conquis par ce moyen, il y a quelques années, une popularité du meilleur aloi.

Les pompiers de sa ville épiscopale vinrent un jour lui offrir d'être leur aumônier; il accepta joyeusement, à la condition toutefois qu'on viendrait le chercher dès que sonnerait le toscin pour courir au feu.

Il fut fidèle au poste. Bientôt son influence devint prodigieuse. Que de fois il s'en servit, pour ouvrir le Ciel à ses enfants!

Nommé archevêque, son départ fut un deuil universel; la population voulait le retenir; il s'éloigna au milieu des larmes (1).

(1) Mgr Renou, archevêque de Tours.

Inspirez-vous donc, vous aussi, de toutes ces industries, pour rendre votre action de jour en jour plus féconde.

Et puis, savez-vous bien que le paysan fait grand cas de ceux qui aiment la terre et, malgré une éducation supérieure, ne dédaignent pas d'offrir l'exemple du travail ?

Je connais un gentilhomme d'une distinction remarquable de pensée et de sentiment.

Or, ce gentilhomme, pour relever sa fortune, s'est établi à la tête d'une ferme dont il est le propriétaire. Il a des sous-ordres assurément ; malgré tout, avec une parfaite aisance et sans croire le moins du monde dédorer son blason et ôter une perle à sa couronne de vicomte, il fauche lui-même ses prairies et conduit parfois la herse ou la charrue dans ses champs.

Il n'a jamais cru, au souvenir de plusieurs de nos rois et surtout du Fils de Dieu à Nazareth, qu'un travail matériel déshonorât une main d'homme.

Ai-je besoin de vous dire qu'il est estimé, respecté, aimé, consulté comme un oracle ?

Chrétien fervent, vous devinez quel usage il fait de son influence pour le bien de tous.

Grâce à Dieu, il n'est pas le seul à aimer la campagne de cet amour pratique.

Dernièrement, je voyais un jeune homme qui

porte avec honneur un beau nom ; lui aussi s'est fait agriculteur. La terre est sa passion, sa « grande amie » selon le mot de Pierre l'Ermite : « Je cultive moi-même, me disait-il, et si jamais vous venez au château, ne soyez pas surpris d'entendre dire que je suis à la ferme ; poussez jusque-là, vous me surprendrez inspectant les écuries, les étables, la basse-cour ou bien les vergers et les prairies. J'ai mes vêtements de travail et je m'en sers, je vous l'assure. Je me fais gloire d'en remontrer à mes valets quand il s'agit d'ensemencer, de manier la faucille, de lier des gerbes ou de savoir la quantité de foin ou de blé que renferment mes champs. »

Tandis que j'écoutais ce jeune homme, je croyais entendre le baron de Montyon, ce type achevé du seigneur de village, dont l'historien raconte qu' « agriculteur à la mode de Turgot, il savait mieux que personne combien il fallait de foin pour faire une meule, et il ne se laissait pas tromper d'une botte. »

A votre tour vous jugerez sans doute utile de mettre la main à l'œuvre, mais alors voulez-vous un conseil ? Ne vous laissez pas tellement absorber par ces travaux champêtres que vous négligiez votre esprit.

Au contraire, plus que jamais cultivez les

sciences, la littérature, et ne laissez pas se rouiller votre langue si vous avez le don de la parole.

Votre influence, je l'espère, vous portera quelque jour aux honneurs : d'abord conseiller municipal et membre de la fabrique, vous deviendrez tôt ou tard maire, conseiller d'arrondissement, conseiller général, député, pourquoi pas !

Désormais vous voilà devenu un personnage. De toutes parts vous êtes prié de paraître et de présider : séances des conseils de la paroisse et de la commune, distributions de prix dont vous aurez soin d'offrir le plus beau, conférences cantonales sur des sujets profanes où la note chrétienne sera glissée habilement, réunions des comices agricoles, séances de la Chambre ; que d'occasions d'utiliser votre éloquence et d'étendre votre action !

Travaillez donc, lisez, prenez des notes, ayez toujours en tête un discours ou une conférence populaire ; dans ces études entreprises pour sa gloire, Dieu vous fera goûter des charmes que vous ne soupçonnez pas (1).

*
* *

3° Votre influence est maintenant établie ;

(1) Voir Appendice n° 1, Les Sociétés d'émulation.

« vous êtes capable, aurait dit Frédéric le Play, un des premiers économistes de notre siècle, d'accomplir le second devoir du chrétien : Acheminer vos concitoyens vers les vérités éternelles. » A l'œuvre donc pour l'Apostolat !

Le champ ouvert à votre zèle est immense : visites des pauvres, soutien des écoles libres, protection des religieux et des sœurs, lutte à outrance pour l'enseignement catholique, que sais-je encore ?

Je résume le tout en ces deux conseils : soyez, coûte que coûte, l'ami et l'auxiliaire du prêtre.

Soyez son ami.

Au bon prêtre il faut un soutien et un consolateur. — Esprit élevé, préoccupé du salut des âmes, il lui est précieux de trouver à sa porte un confident instruit et sûr, capable de le comprendre et avec lequel il puisse avoir un échange d'idées. — Cet ami, ce confident, ce sera vous.

Oh ! les douces heures où le ministre de Dieu, fatigué de ses courses apostoliques, accompagnées trop souvent de déceptions et d'amertumes, fatigué de ses études dans le silence du presbytère, se repose au foyer du châtelain ou du propriétaire influent de sa paroisse ! — Près de la cheminée, dans les longs soirs d'hiver, en été sur le perron, à la fraîcheur du crépuscule, il goûte de délicieux moments, son cœur se dilate, son esprit se détend ; il est là comme dans un second sanctuaire où il retrempe ses forces et son ardeur. — Puissent beaucoup de curés de campagne, avoir près d'eux, comme celui de Prouzel, un Lamoricière, pour causer théologie, droit canonique et histoire de l'Église !

En même temps qu'ami du prêtre, soyez l'auxiliaire de son apostolat. L'exemple est la plus éloquente des prédications. Qu'il suffise de vous voir pour comprendre ce que doit être un paroissien modèle ! — Nul ne sera plus assidu que vous aux offices religieux du dimanche. — A la Grand'Messe et aux Vêpres, à moins d'obstacles sérieux, vous serez là ! Votre absence serait remarquée et nuirait au bien. Que d'autres passent, s'il leur plaît, une grande partie du saint jour à la chasse, à la pêche ou au tennis ! — De la part de l'habitant de la ville, renfermé toute une semaine dans un bureau, cela s'explique encore, mais de votre part, à vous ? A vous, toujours au grand air ? A vous, toujours au soleil ? A vous, toujours libre de folâtrer le fusil sur l'épaule à travers vos champs ?

Non, de grâce, aux heures où le bon exemple

réclame votre présence, ne désertez pas l'église, dût-il vous en coûter beaucoup! Prétendriez-vous donc être apôtre sans souffrir?

Mais à l'heure suprême, quelle consolation, quelle joie!

Chrétien courageux, vous avez entraîné des âmes à votre suite, vous avez été leur sauveur et vous pourriez sans doute, au prêtre dont vous avez été l'auxiliaire et l'ami, faire avec la reconnaissance de l'humilité cet aveu tombé des lèvres d'un homme de bien avant de recevoir les derniers sacrements : « Monsieur le curé, quand je suis venu dans la paroisse un petit nombre d'hommes faisaient leurs Pâques! Aucun n'y manque aujourd'hui; Dieu a été glorifié, je meurs content! »

III

L'INDUSTRIE ET LE COMMERCE

III

L'INDUSTRIE ET LE COMMERCE

Qui ne connaît des industriels ou des commerçants catholiques, non moins actifs dans leur apostolat que dans leurs affaires ?

Jetons un coup d'œil sur le résultat de ces efforts. Les faits instruisent mieux que la théorie et, par ailleurs, l'expérience préserve des tâtonnements et des illusions ; c'est un avantage qui a sa valeur.

Les faits, où les trouver?

Peut-être seriez-vous séduit par l'idée d'un tour de France, à l'exemple des apprentis de jadis? Vous auriez beaucoup à voir, à admirer beaucoup aussi ; car, il n'est guère de nos grandes villes où ne se rencontre ce que vous cherchez.

Epargnez-vous ce long et dispendieux voyage. Il vous suffit de visiter Armentières et Montceau-les-Mines, où l'œuvre d'hommes de foi et de cœur est une leçon toujours vivante.

*
* *

1° Armentières.

Dans le lointain, une forêt de hautes cheminées avec leur panache de fumée grise ou noire; de près, des rues droites, aux maisons de briques, où fourmille une population minière allant aux filatures : c'est là.

Il y a vingt ans, la plupart de ces âmes vivaient sans souci de leur destinée; Dieu, la religion, le Décalogue, ces mots les eussent fait sourire de pitié!

Aujourd'hui, quelle différence!

Des chapelles et des statues pieuses s'offrent partout à vos regards; vous ne rencontrez que visages épanouis et rayonnants d'espérance, vous sentez que la vie chrétienne est dans l'air, vous la respirez à pleins poumons.

D'où ce changement? De l'influence d'un patron chrétien, M. Alfred Dutilleul.

Imaginez un jeune homme intelligent et laborieux, esprit cultivé, littérateur, poète même à ses jours ; une licence en droit a couronné ses études et il a, depuis, suivi avec soin le mouvement industriel du Nord. A ces dons de la nature, ajoutez une foi profonde qui s'épanouit en une piété d'ange, et vous aurez le portrait moral de M. Dutilleul, lorsqu'il prit en main la direction de sa filature d'Armentières, au faubourg de la route d'Houpline.

Eut-il, de prime abord, l'idée de la grandeur de son rôle ? Ne partagea-t-il pas plutôt les préjugés de son entourage, redits sur tous les tons : « Nous sommes ici dans une tanière de vices ; — il n'y a rien à faire ; — il est inutile de s'occuper de ces gens-là ? »

Le fait est que ses débuts, comme patron, furent des jours de souffrance et de prière ; tout porte à croire qu'il traitait avec le ciel de son apostolat futur.

L'heure divine sonna bientôt.

Pendant le Carême de 1876, passe un prédicateur de renom ; en quelques conférences à la société d'Armentières, l'inanité des efforts pour résoudre sans l'Église les problèmes sociaux, le bonheur d'un rapprochement cordial, effectif et chrétien entre les classes, et, pour finir, un tableau animé, saisissant des succès de M. Harmel au Val-des-Bois, sont traités, tour à tour, de main de maître.

Les esprits éclairés, les cœurs s'émeuvent, et quelques jours plus tard, vous auriez pu contempler l'élite des patrons d'Armentières délibérant sur la mise en œuvre de leurs nouvelles idées.

Il se levait enfin le souffle régénérateur ardemment désiré; tendre la voile et voguer contre vents et marées à la conquête des âmes par la transformation religieuse de l'atelier, devenait un devoir. Avec son entrain ordinaire, M. Dutilleul accepta de donner le branle à cette courageuse entreprise.

Mais comment parvenir au but? Fallait-il aller droit au cœur de la place et tenter l'aventure d'une sorte de mission?

Courir à l'assaut d'une forteresse quand les bastions qui la défendent sont encore aux mains de l'ennemi, quoi de moins habile? Ces avant-postes, protecteurs de la citadelle, les détruire et s'en emparer, telle est la tactique que conseille la sagesse.

Guidé par son tact habituel, M. Dutilleul le devine, et les enfants sont tout d'abord l'objet de ses soins.

L'intérêt que l'on témoigne à ce trésor du pauvre, assure infailliblement la conquête du père et de la mère. Mais, lorsque des mains religieuses remplissent ce rôle de charité, lorsqu'une tendresse, souvent plus délicate que celle de la famille, entoure ces jeunes âmes, comment douter que ce ne soit, tôt ou tard, au profit de la cause de Dieu?

Des Sœurs de Notre-Dame des Missions de Lyon furent donc appelées au faubourg d'Houpline. Quelques mères répondirent à leurs avances, et rien n'égala le bonheur de ces femmes quand, les premiers soirs, en rentrant de la fabrique, elles reconnurent, à la tenue et à la joie de leurs nourrissons, que leurs remplaçantes les dépassaient en sollicitude et en savoir-faire.

La nouvelle s'en répandit comme le feu dans une traînée de poudre, bientôt la crèche fut trop étroite.

Mais, à côté des tout petits enfants, il y en a d'autres, en âge d'aller en classe. La première conquête assura la seconde. Les écoles ouvertes par M. Dutilleul se remplirent en quelques jours.

Ces enfants, que deviendront-ils le dimanche? Peut-on les laisser courir les rues et perdre le fruit des efforts de plusieurs jours? Assurément non! Il faut donc un patronage pour les recueillir, les occuper, les amuser, et surtout les faire penser à Dieu.

Le patronage est bientôt en pleine prospérité.

Un âge difficile entre tous, c'est celui de l'adolescence.

Ce n'est plus un enfant, ce n'est pas encore un homme, cet être en voie de formation et travaillé par toutes sortes de pensées et de désirs vagues.

Le fils de l'ouvrier est facilement séduit par la science. Grâce à M. Dutilleul, chaque soir, autour de la chaire d'un maître de talent, se presse une foule curieuse, avide, affamée de nourriture intellectuelle : le cours des adultes fait florès.

Ces jeunes gens n'auront-ils pas leur cercle du dimanche, eux aussi ? Quand la charité aperçoit un progrès, elle y vole. Le cercle, bientôt, n'a pas seulement une salle de lecture, mais une charmante chapelle en devient le centre, Notre-Seigneur y fait son apparition, avec le prêtre.

Inutile de vous dire que, parallèlement à ces premières œuvres, M. Dutilleul en créa d'autres pour les jeunes filles et pour les mères désireuses de redevenir chrétiennes.

Enfin, chose consolante que l'on devait espérer, du camp des hommes s'éleva une plainte : « Et nous, pourquoi nous délaisser ? S'imagine-t-on que nous ne sommes bons à rien ! »

Le directeur attendait là ses ouvriers. Avidement il s'empare de leur désir. A l'aide d'un groupe choisi parmi les plus intelligents et les plus courageux, il les réunit pour traiter de questions économiques; les avantages des caisses d'épargne et des sociétés de secours mutuels, une fois établis, à la satisfaction de tous, il les intéresse peu à peu au mouvement qui entraîne vers le bien leurs femmes et leurs enfants.

Les ouvriers écoutent encore, comprennent et se laissent convaincre.

De ces dispositions à la réussite de tentatives d'un ordre plus élevé, il n'y a qu'un pas... Il est franchi en peu de temps et l'on voit fleurir, pour les pères de famille, la société de Saint-Augustin où l'on s'engage aux pratiques de la vie chrétienne.

N'était-ce pas un triomphe?

Cependant toutes ces transformations absorbaient la vie de M. Dutilleul; pliant sous le fardeau, il dut chercher des collaborateurs.

Une idée magnifique lui traversa l'esprit : « Si je créais une pépinière d'apôtres! » Et de ce jour il accueille chez lui la jeunesse cultivée d'Armentières : élèves sortis du collège et qui attendent leurs années de service, clercs de notaire ou d'avoué, étudiants en droit inscrits aux Universités, se pressent dans son salon et dans son bureau de travail.

Les organiser, les lancer est affaire de quelques jours.

Stimulés par le zèle de leur guide, voyez ces jeunes chrétiens se répandre partout, aux patronages, au cercle, dans les familles, près des malades. Voyez-les offrir de chaudes poignées de mains, entendez-les s'informer avec sollicitude des besoins de ces pauvres, en qui la foi leur montre des amis et des frères.

Grâce à eux, l'œuvre de M. Dutilleul grandit, s'achève, se perfectionne; le grain de sénevé devient la plante vigoureuse de l'Evangile.

Avant de nous éloigner de ce séjour béni, embrassons-le d'un dernier regard.

Là, Dieu est connu, aimé, servi, glorifié. Là, les âmes sont heureuses.

Autrefois, régnait le vice; aujourd'hui, la vertu est en honneur.

Autrefois, le prêtre et le patron étaient l'ennemi; ils sont, aujourd'hui, le confident et le père.

Autrefois, ces ouvriers ne songeaient qu'aux mauvais plaisirs; aujourd'hui, par centaines, ils courent à Notre-Dame du Haut-Mont pour se sanctifier dans la retraite.

Autrefois, le chemin de l'église leur était inconnu; aujourd'hui, ils se pressent dans leur chapelle pour l'adoration nocturne du Très Saint Sacrement.

Autrefois, la fabrique était comme la porte de l'enfer, elle est, aujourd'hui, le vestibule du Paradis.

*
* *

2° Montceau-les-Mines.

Etrange cité que celle-là ! Quarante mille travailleurs y gagnent leur vie, presque tous sous terre.

Qui dira les souffrances et les fatigues d'un tel métier ?

Adoucir le sort de cette population et faire briller à ses yeux les espérances éternelles, M. Léonce Chagot n'eut pas d'autre désir lorsque son oncle lui mit sur les épaules la charge d'administrateur gérant de la compagnie de Blanzy.

Je ne suivrai pas la filière de ses efforts.

Il suffira de savoir, qu'esprit pénétrant, M. Chagot comprit vite l'importance de révéler aux mineurs son savoir-faire et de leur apparaître dans l'auréole d'un incontestable mérite.

Comment parvint-il à ce but ?

L'idéal serait d'étudier son œuvre sur place.

S'il vous prend donc quelque jour fantaisie de parcourir le bassin houiller de l'Est de la France, on ne manquera pas de vous proposer la visite des mines.

Alors peut-être aurez-vous peur : peur des ténèbres, peur d'étouffer dans ces abîmes, peur d'être victime d'une explosion de grisou, peur de mille choses encore ; l'imagination est si vive en face de l'inconnu !

Cependant, ayez confiance ; revêtez vaillamment le pantalon de grosse toile et la vareuse réglementaire ; montez dans la « cage » et laissez-vous descendre au fond du puits.

Vous y êtes enfin ! Quelle surprise ! Un air pur circule dans ces galeries souterraines. Vous respirez à l'aise, comme tout à l'heure en plein soleil. Et puis, au lieu des détonations de poudre d'autrefois, entendez-vous ces grincements sourds et continus ? Ce sont les aiguilles Coin et les bossoyeuses Dubois, à l'aide desquelles le charbon se détache rapidement et sans péril.

De plus, vous y voyez clair, et je vous prie d'examiner la lampe que vous tenez à la main ; admirez avec quel art la flamme est préservée du contact de l'air ; pouvait-on inventer rien de mieux pour rendre inoffensifs les gaz les plus subtils ?

Interrogez maintenant votre guide : « Ces perfectionnements, vous dira-t-il, viennent de M. Chagot. Son grand souci est de préserver nos vies et de nous rendre le travail facile. Avec ses ingénieurs, il arrive à des résultats prodigieux. C'est un homme hors ligne que notre administrateur en chef! »

Sa réputation établie, sans crainte d'un échec, M. Chagot pouvait viser plus haut qu'à des réformes matérielles. — Cette fois, il s'agissait de pénétrer, par des œuvres sociales, dans la vie intime des mineurs.

A Montceau, il est vrai, fonctionnaient déjà quelques créations de ce genre, mais, objet de critiques et de cabales, elles menaçaient ruine.

Leur insuccès devait avoir une cause ; la découvrir fut, de la part de l'administrateur, un trait de génie.

A qui a étudié le cœur humain, une remarque s'impose.

Pour grandir à ses propres yeux, l'homme a besoin de sentir une responsabilité. Il aime le fruit de son action personnelle, il l'aime surtout lorsque cette action a été douloureuse. Une œuvre ne lui coûte-t-elle rien ? il en fait peu de cas. Est-elle le résultat de travaux et de souffrances ? Il l'apprécie et il y tient. Le comprendre et agir en conséquence, est tout un art. Mais combien de patrons l'ignorent et gémissent par là même sur l'inutilité de leurs largesses !

A ces hommes on est tenté de dire : « Mais ne voyez-vous pas que vous récoltez les fruits de votre inintelligence ? Car, enfin, pourquoi voulez-vous être seuls dispensateurs de vos bienfaits et ôter à l'ouvrier la joie d'agir par lui-même ? Pourquoi usurpez-vous le rôle de Providence exclusive, au risque de faire perdre au travailleur le goût de la prevoyance et de l'économie ? Peut-il vous savoir gré d'une méthode qui éteint son initiative, amoindrit sa dignité et le conduira tôt ou tard à la misère ? »

M. Chagot, lui, s'empare de cette doctrine du bon sens et de l'expérience, et, sans retard, il la met en pratique.

Mais il faut tout d'abord réveiller les esprits. Ce sera l'effet d'une industrie des plus simples. Les caisses d'épargne et de secours changent de nom ; ce seront désormais : « la Fourmi » et « la Tirelire » ; puis bientôt, court dans Montceau la grande nouvelle : les mineurs vont entrer dans l'administration de ces deux sociétés ; ils vont faire partie du conseil.

La satisfaction est sur tous les visages ;

elle grandit encore lorsqu'une élite d'ouvriers, choisis par leurs camarades, sont invités à prendre la tête d'associations dont ils doivent créer les statuts et avoir la gérance. Associations sportives les plus diverses : de tir, de gymnastique, d'escrime, de vélocipédie ; création d'une fanfare, tout cela naît comme sous l'action d'une baguette de fée.

Alors, quel bonheur pour ces pauvres jeunes gens et pour ces hommes, privés dans leur vie souterraine de toute honnête jouissance, de pouvoir, les jours de repos, prouver qu'ils savent, comme d'autres, faire excellente figure, quand il s'agit de force et d'adresse, d'élégance et de bon goût !

Avec le bonheur, Montceau, insensiblement, change d'aspect.

Vieilles haines contre l'autorité, exigences pour le salaire, projets de révoltes et de grèves, tout cède la place à un commencement de sympathie.

L'heure est enfin venue d'affermir et de couronner l'œuvre par un pas de plus... vers les âmes.

L'apostolat devait vite s'épanouir sur un terrain habilement préparé ; aussi, les mineurs accueillent-ils avec gratitude des patronages de jeunes gens et d'hommes, des sociétés de saint Vincent de Paul, des conférences religieuses et enfin l'installation, au milieu d'eux, d'une maison de cet admirable institut des Petites-Sœurs, garde-malades des pauvres, vouées par vocation au soin des familles ouvrières.

La foi se ranime ; la pratique de la prière et des sacrements refleurit, les âmes reprennent leur marche vers la Patrie où Dieu les attend.

Il y eut pour M. Chagot une heure délicieuse, quand il put enfin donner libre cours à son zèle, entrer, aux jours de deuil, dans la demeure de ses enfants, leur rappeler la certitude de se revoir là-haut et leur offrir ces conseils de courage et de vertu qui vont droit au cœur, lorsqu'ils tombent de lèvres respectées.

Admirable exemple de la vérité de cette maxime : le lien solide entre patrons et ouvriers, ce ne sera jamais l'intérêt, mais la charité ; l'intérêt divise, la charité rapproche.

Exemple non moins frappant de la justesse de la formule catholique de la question sociale :

« Rapports du patron et de l'ouvrier. »

et de la dureté de la formule des révolutionnaires :

« Rapports du capital et du travail. »

La première met en présence deux hommes ayant vis-à-vis l'un de l'autre des devoirs et des droits ; elle s'inspire du mot de l'Évangile : « Vous aimerez le prochain comme vous-même. »

La seconde ne voit que deux forces matérielles et brutales destinées à d'impitoyables luttes ; elle explique le malaise social dont seule la religion de charité nous délivrera. Jules Simon l'a dit à sa manière : « Le mal dont nous souffrons est de ceux qu'on ne peut guérir qu'en y mettant du cœur. »

Vous mettrez donc votre cœur au service de tous, vous qui cherchez dans l'industrie une carrière indépendante et utile à la gloire de Dieu : le cœur et l'énergie ne peuvent-ils pas marcher de pair?

Vous avez vu à l'œuvre d'admirables modèles ; ils vous invitent à suivre leurs traces ; répondez-leur : nous voici !

*
* *

Quant à vous que le *commerce* attire, marchez dans cette voie, mais que ce soit encore en vue d'être influent et de devenir apôtre.

Cependant, sachez-le bien, vous manquerez ce double but si vous vous jetez dans la vie commerciale à la légère et sans une longue préparation.

Le temps n'est plus, en effet, où d'un enfant paresseux et incapable on se plaisait à dire : « Nous en ferons un commerçant ! » Ridicule dédain, digne des cours de Charles IX et de Louis XIII, où les gentilshommes riaient sous cape de Catherine et de Marie de Médicis, « issues de famille de mercadants. »

Bien mieux ferez-vous d'estimer votre profession et d'acquérir les connaissances qu'elle suppose : législation commerciale de France et de l'étranger, étude des marchandises et des transports, notions de droit international, règlement des douanes; ne dédaignez rien de tout cela. Il n'est pas jusqu'à la géographie commerciale que vous ne deviez posséder sur le bout du doigt, sous peine de plus d'une mésaventure, comme celle qui, dernièrement, a bien fait rire dans un de nos ports de mer. Un bateau allait partir pour le Pérou. Heureux de l'occasion, un marchand de parapluies envoie à une maison de Lima un stock énorme de sa marchandise.

Au bout de quelques mois, tout lui revient, avec cette note : « Reprenez vos parapluies, il ne pleut jamais au Pérou. »

Etudiez donc, devenez éminent, distingué.

Rien n'est de trop pour accroître l'influence d'un défenseur des vrais principes.

Et vos employés? Voilà bien le premier objet de votre sollicitude!

Une surveillance discrète et ferme est assurément la sauvegarde indispensable de leur dignité d'hommes; mais de la part d'un catholique, ils attendent l'affection, manifestée par des procédés délicats et de sympathiques paroles.

N'ayez crainte d'élever même parfois votre langage, vous souvenant de cette très juste remarque de M. de Tocqueville : « Après tout, et dans tous les temps, les hommes aiment qu'on leur parle de leur âme, bien qu'ils ne s'occupent guère que de leurs corps. »

Ayez le souci des âmes; devant elles, ouvrez toutes larges les portes qui conduisent à l'accomplissement des devoirs religieux : repos dominical, pratique des sacrements, abstinence les jours prescrits par l'Église.

Allez plus loin que ces obligations strictement imposées; inspirez-vous des nombreuses œuvres mises en honneur par les industriels chrétiens; les adapter au bien de votre maison vous sera facile. Ajoutez-y une bibliothèque.

« Le monde actuel, a dit un moraliste, est travaillé d'une véritable fureur, celle de la lecture. Le public est une sorte de boa constrictor à mille têtes, dont l'appétit vorace se repait et se gonfle de papier maculé et dont la digestion a l'air d'une agonie. »

Vos employés liront, soyez-en sûr ; offrez à leur esprit une nourriture saine, édifiante ou du moins instructive. Une bibliothèque bien choisie est un trésor.

Mais quelle nourriture spirituelle vaudrait une retraite ?

Dans certaines villes les employés de magasins affluent à ces pieux exercices ; les vôtres, grâce à votre zèle, y feront bonne figure ; vous les favoriserez de tout votre pouvoir, convaincu que vous avez charge d'âmes et qu'un jour le Maître vous dira : « Ce que vous avez fait à ces humbles, c'est à moi-même que vous l'avez fait. »

IV

LA FONCTION D'INGÉNIEUR

IV

LA FONCTION D'INGÉNIEUR

Ingénieur! Mot bien souvent aux lèvres des jeunes gens.

« Je veux être ingénieur. » A les entendre dire cette phrase avec un imperturbable sang-froid, ne croirait-on pas qu'ils en savent toute la portée ?

Mais en est-il vraiment ainsi? Et pour plus d'un, n'y aura-t-il pas du nouveau dans la réponse aux questions suivantes ?

1° Qu'est-ce qu'un ingénieur ?

2° Comment devient-on ingénieur ?

3° Quels peuvent être l'influence et l'apostolat d'un ingénieur?

1° Qu'est-ce qu'un ingénieur ?

Combien s'imaginent avoir sous les yeux son vrai portrait, quand ils se représentent un homme absorbé dans des problèmes et dans des chiffres, un homme tout aux sciences abstraites et à leurs applications, sans autre guide, dans ses travaux, que le point de vue utilitaire, un homme par là-même sans idéal, sans essor, sans conceptions originales et hardies, étranger à ce qui est artistique et beau !

Rectifier des machines, inspecter des substances minérales, des poudres ou des feuilles de tabac, mesurer, calculer, rendre tel travail, un viaduc, par exemple, un aqueduc, un pont, un bateau ou une locomotive, conforme aux lois mathématiques, mécaniques, géométriques et autres, tel leur apparaît uniquement le rôle de l'ingénieur.

Quelle illusion !

Le véritable ingénieur, celui auquel appartient la vogue et le succès, et dont les œuvres feront fortune, doit se servir des sciences comme d'instruments, et non comme de chaînes qui entravent sa liberté.

A l'aise au milieu de ses calculs, il peut et doit avoir un horizon large, où ses yeux soient toujours ouverts à des perfectionnements nouveaux; il doit donc être un ami de l'art, capable de refléter, sur la partie matérielle de ses œuvres, la beauté et la grandeur de ses conceptions.

Voilà pourquoi si, rêvant d'être ingénieur un jour, il vous plaît de consulter sur vos aptitudes un homme du métier, non pas le premier venu, mais un de ceux dont l'intelligence et le désintéressement sont hors de conteste, savez-vous ce qu'il tâchera de découvrir en vous tout d'abord ?

« Ce jeune homme est-il observateur? Jouit-il d'un jugement prompt, pratique et sûr? A-t-il l'esprit inventif ?

Car, soyez-en convaincu, sans ces dons-là, vous ne ferez jamais qu'un ingénieur vulgaire.

L'histoire, du reste, est là pour le dire.

Voici Brunel; il parcourt l'Amérique, s'y exerce, au contact d'un peuple jeune et hardi, à d'audacieux travaux, et revient à Londres creuser le tunnel qui passe sous la Tamise. —

Voici Blasco de Garay; il réfléchit aux effets de la vapeur et bientôt sa vive imagination se représente un navire courant sur les mers, contre vents et tempêtes : le bateau à aube est inventé.

Voici Stephenson ; dans son esprit il voit un moteur merveilleux entraîner dans l'espace, sur des routes de fer, les plus lourds fardeaux; séduit par ce spectacle, il tourne et retourne sa pensée, il la creuse et un beau jour apparait la première locomotive.

Voici Lesage et Vivian; l'électricité entre leurs mains abrège les distances et devient le télégraphe.

Voici Grahambell avec son téléphone.

Voici Eiffel avec sa tour aux vastes arceaux et aux innombrables travées.

Eh bien ! ces grands ingénieurs, les prenez-vous pour des esprits mesquins, endigués dans des propositions d'algèbre, dans des théorèmes de trigonométrie ou dans des formules de mécanique? Les croyez-vous servilement à la remorque des chiffres? Ne les voyez-vous pas plutôt à la tête de toutes les initiatives et tous les progrès?

Au Musée du Louvre, un guide, fin connaisseur en fait de belles choses, ne manque pas d'attirer l'attention des visiteurs sur un chef-d'œuvre.

C'est un tableau de la très sainte Vierge, d'une telle fraicheur et d'une telle vie, que la madone semble sourire et parler. Raphaël, dit-on, n'a jamais égalé cette merveille. Et cependant, l'artiste qui l'a conçue ne fut pas spécialement peintre, il fut même, avant tout, ingénieur.

Bien qu'il ait vécu au seizième siècle, l'Italie est encore pleine de ses travaux.

On y admire les palais, les ponts et les aqueducs qu'il a bâtis ; on se sert encore de la machine à tondre le drap et des scies perfectionnées, fruits de son invention. Je ne prétends pas énumérer toutes ses œuvres.

Cet homme illustre, c'est Léonard de Vinci.

Voilà le vrai type de l'ingénieur.

Rêvez-vous de mériter ce nom ? Voyez donc si vous avez des ailes. Peut-être ne vous élèverez-vous pas très haut comme les esprits d'élite, dans le monde des découvertes ; peut-être ne pourrez-vous, d'un vol lourd et pénible, qu'effleurer la terre ! Quoi qu'il en soit, le mot ingénieur tirant son origine de *génie*, quand on s'honore de ce titre, je suis d'avis, et beaucoup pensent comme moi, qu'il faut, à quelque heure de la vie, planer au-dessus de la routine, afin de pouvoir, sinon toujours inventer, du moins améliorer et perfectionner, remédier à un accident subit, se tirer avec honneur d'un cas imprévu.

2° *Comment devient-on ingénieur ?*

Ici, la route n'est pas indifférente, en vue de l'influence et de l'apostolat.

Il faut donc la très bien connaître.

Vous êtes en présence de deux voies : l'une conduit au rôle de fonctionnaire. L'État se servirait alors de vous pour des charges militaires ou civiles, spécifiées par un qualificatif, en harmonie avec votre emploi.

C'est ainsi que vous pourriez être ingénieur des mines, ingénieur des ponts et chaussées, ingénieur hydrographe, ingénieur maritime, etc.

L'autre voie mène à la condition d'ingénieur libre, désigné d'ordinaire sous le titre d'ingénieur civil.

Les places du gouvernement vous seraient rarement offertes ; par contre, les villes et les particuliers feraient appel à votre expérience et à votre talent.

Ingénieur civil, d'après la branche scientifique, objet de votre choix, vous pourrez offrir vos services avec le diplôme d'ingénieur mécanicien, d'ingénieur hydraulique, d'ingénieur des chemins de fer, d'ingénieur métallurgiste, électricien, ou des industries chimiques, céramiques ou textiles.

Voulez-vous devenir ingénieur de l'État ?

Préparez-vous à l'École Polytechnique ; entrez-y, et, à force de travail, élevez-vous à un rang honorable, car la liberté dans le choix des places s'élargit avec la valeur du classement.

Faute de cet avantage, que de jeunes gens sont contraints de prendre l'artillerie quand ils aspirent aux mines ! Que d'autres rêvent des ponts et chaussées et vont dans le génie militaire, sans le moindre attrait !

Quoi qu'il en soit, sorti de l'École Polytechnique, votre avenir est assuré.

L'État lui-même viendra au devant de vous, avec ses emplois, non toujours de votre goût, mais brillants aux yeux du monde.

Faut-il ajouter qu'à défaut des faveurs gouvernementales, souvent refusées à votre titre de catholique, l'auréole de Polytechnicien vous permettra de prétendre aux carrières libres les plus avantageuses ? Frappez à la porte d'une industrie privée, et vous la verrez s'ouvrir devant vous.

Au titre d'ingénieur de l'État, préférez-vous celui d'ingénieur civil, avec ses privilèges d'indépendance et de liberté ?

Entrez à l'École Centrale.

Là, comme à Polytechnique, ne vous le dissimulez pas, il faut beaucoup de travail. Mais quel stimulant irrésistible dans ce fait que, dès le premier jour, toutes les notes hebdomadaires comptent pour le diplôme final, obtenu annuellement par 150 ou 160 élèves.

Imaginez-vous être du nombre de ces heureux.

Reste à vous soumettre à la loi militaire. Pendant votre séjour à l'école, un engagement de quatre années vous a mis sous les drapeaux ; vous avez dû, maintes fois, revêtir l'uniforme et faire l'exercice ; trois ans vous avez été soldat ; une année vous allez être officier, sous-lieutenant d'artillerie.

Vous êtes, je le suppose, au lendemain de cette dette payée à la France. Muni du diplôme d'ingénieur civil, votre situation est-elle faite d'avance ?

Sorti de l'École dans les trois premiers, les directeurs s'engagent à vous patronner; mais, à un rang plus humble, n'attendez rien d'eux. Tout va dépendre de vos relations de famille, ou de l'à-propos de vos démarches.

Peut-être les débuts seront-ils durs !

Vous offrez-vous, par exemple, à une compagnie de chemin de fer ? — Un jour, il est vrai, des emplois supérieurs s'ouvriront devant votre talent ; mais tout d'abord, rendez-vous compte des nombreux et peu brillants degrés de la filière, et dites-vous : « Malgré mes diplômes, il me faut passer par là. »

Êtes-vous accepté comme ingénieur chez un grand industriel ?

Là encore, force vous est d'être modeste.

« A Centrale, je le veux bien, vous avez reçu

des outils pour le travail, mais dans la vie pratique où vous entrez, apprendre à vous en servir est un art nouveau; c'est même dans cet exercice que votre valeur a chance d'être appréciée.

« Ne posez donc pas pour tout savoir; vous vous feriez tort et l'on vous préférerait de beaucoup, comme savant le Polytechnicien, comme instrument, l'élève des Arts et Métiers (1). » Voilà un fait auquel tout ingénieur de l'École Centrale doit réfléchir, s'il veut répondre aux espérances fondées sur lui.

Je viens de prononcer le nom d'élève des « Arts et Métiers »; n'est-ce pas le moment de vous faire connaître l'Institut Catholique de Lille ?

Conçu et réalisé avec une rapidité merveilleuse, il est aujourd'hui l'espérance de l'avenir industriel de notre pays.

Je souhaite qu'un voyage dans le Nord vous permette de visiter cette magnifique Ecole. Les bâtiments, les ateliers, les salles de modelage, d'ajustage, d'électricité, de fonderie ne laisseront pas que de provoquer votre admiration.

Mais ce qui vous charmera plus encore, c'est le visage épanoui des élèves.

(1) V. Bettencourt.

(2) Voir Appendice n° 2.

Sortis de toutes les classes de la société, ils ne font qu'un cœur et qu'une âme. Fiers de leur Ecole, ils en seront l'honneur ; désireux d'être apôtres, ils choisissent l'industrie pour se mettre en rapports continuels et immédiats avec l'ouvrier : contremaîtres, chefs d'ateliers, patrons, ils rendront tôt ou tard service à la France.

La question sociale fait toujours grand bruit autour de nous.

Le socialisme, le collectivisme, le communisme, prétendent résoudre les mille difficultés de la vie présente ; montrer au monde ce qu'est le vrai chrétien et comment il adoucit le sort du travailleur, tel est le but de l'Ecole de Lille.

Elle a une devise.

Tout jeune homme, quelle que soit sa carrière, devrait la faire sienne. Cette devise, c'est le mot « Finir. »

Finir, pour le Chrétien, n'est-ce pas achever un travail utile, compléter une œuvre glorieuse, persévérer jusqu'à la mort dans les principes de sa jeunesse?

3° *Quels peuvent être l'influence et l'apostolat d'un Ingénieur?*

Prenons d'abord pour modèle un élève de l'*Ecole Centrale*, libre par conséquent de donner essor aux plus nobles aspirations, sans craindre les représailles de la secte.

L'ingénieur que vous allez voir en scène n'est pas un homme vulgaire ; âme délicate et dévouée, il aime, il est aimé.

Gambetta a dit cette parole : « C'est par le cœur qu'on gouverne », lui la réalise.

Suivez-le dans les ateliers, à l'heure du travail.

Dès qu'il arrive, tous les regards le cherchent, les casquettes se soulèvent d'elles-mêmes un courant de sympathie semble s'établir dans cet immense circuit humain.

Mais aussi, voyez comme il passe, adressant une phrase affectueuse à celui-ci, un signe de tête à celui-là, à tous un salut amical et un sourire de bienveillance.

Ici, c'est un mot d'espérance à l'occasion de la maladie des enfants, là, quelques brèves questions sur la santé de la famille et l'aisance du foyer, une félicitation au sujet d'un ouvrage bien réussi, un conseil sur la manière de mener à fin une tâche plus difficile.

Le travailleur est flatté, touché, de ces marques d'intérêt ; il sent qu'il est, aux yeux de son chef, un homme comme lui, et non pas une machine plus perfectionnée que les autres.

Si la satisfaction est à son comble, il murmure cet éloge, le plus éloquent sur ses lèvres : « A la bonne heure, il n'est pas fier celui-là (1). »

Il faut cependant le reconnaître, ces relations sur le chantier, à l'atelier, sont trop publiques pour être confiantes, abandonnées.

Notre ingénieur le sait; aussi a-t-il eu soin de fixer des heures où les ouvriers sont admis à son bureau pour lui présenter leurs réclamations et leurs désirs.

Il imite ce directeur d'un charbonnage du Nord qui faisait naguère ce récit devant l'Association des patrons chrétiens de Charleville :

« En arrivant à la tête de l'entreprise, je trouvai tout le monde en révolte; les mauvais traitements exercés par les contremaîtres, avaient provoqué ce désordre.

» Aussitôt, je fis savoir que tous les jours, de 6 heures à 8 heures du matin, je recevrais les ouvriers désireux de me parler. Ils vinrent en foule, apportant avec confiance leurs requêtes et peu à peu ils s'enhardirent à dévoiler leurs embarras de famille et à demander des conseils. »

Que de fois j'ai bondi d'indignation au récit d'infamies commises par certains contremaîtres

(1) L'*Ingénieur*, par A. Belanger.

à l'égard des travailleurs ! Essayez, Messieurs, de ce système, et vous éprouverez la vérité de cette maxime : « On sort toujours meilleur d'un entretien avec l'ouvrier. »

Ne serait-il pas juste de dire aussi que l'ouvrier, à son tour, sort meilleur, calmé, conquis, d'un entretien en tête-à-tête avec ses chefs?

Mais, où notre ingénieur triomphe, c'est dans son rôle d'intermédiaire entre les travailleurs et les patrons.

Il a conquis les uns et les autres par sa bienveillance, par son tact et son savoir-faire.

Aux heures difficiles, quelle n'est pas sa puissance !

Une mesure de rigueur est-elle venue troubler la routine des ouvriers? Exaspérés, ils ne voient plus dans le patron que l'ennemi.

Mais l'ingénieur parle avec eux, les raisonne, et la tempête s'apaise.

Le patron, âpre au gain, veut-il imposer mal à propos un surcroît de travail ?

L'ingénieur est encore là.

Chrétien, il sait le prix des âmes et l'honneur dû à Dieu.

Il attend, il réfléchit, puis, à l'heure opportune, il rappelle au patron l'utilité du repos dominical, il gagne la cause plaidée au profit de la dignité et de la liberté des âmes.

Aux ingénieurs a été donné le nom pittoresque de médecins des usines et des fabriques ; n'est-ce pas cette bienfaisante fonction que remplit le modèle dont je viens d'esquisser rapidement l'histoire ?

Mais faut-il laisser dans l'ombre l'ingénieur de l'Etat ?

Non assurément ; moins près de l'ouvrier, son influence rayonne de plus haut, mais combien pénétrante encore !

Jugez-en par ces paroles que prononçait un ingénieur des ponts et chaussées, sur la tombe d'un de ses collègues :

« Monsieur X... n'était pas de ces hommes dont parle saint Paul, qui n'ont pas d'espérance. Chrétien convaincu, catholique très fidèle, il a pratiqué noblement et généreusement tous les devoirs de la religion.

Si, dans sa carrière, il a reçu des hommes les éloges les plus flatteurs, Dieu, qui juge encore mieux que les hommes, tiendra compte à celui que nous pleurons, de ses vertus et du bien qu'il a fait pendant sa vie. »

L'orateur aurait pu, à l'appui de ses paroles, citer, entre bien d'autres, ce trait de la vie de son ami : « Un dimanche, l'ingénieur entre dans une église pour entendre la Messe et faire la sainte Communion ; un ouvrier, témoin de son attitude recueillie et respectueuse, ne pouvait retenir son admiration : « Je viens, disait-il, de voir M. X... communier, la poitrine couverte de ses décorations ; que c'est beau ! que c'est beau ! »

L'ingénieur ayant su quels sentiments il avait provoqués, répondit, les larmes aux yeux : « Je suis heureux d'avoir édifié un homme, et d'avoir procuré cette gloire à Dieu (1). »

Voilà une parole de vrai catholique.

Glorifier Dieu en édifiant le prochain, cet apostolat, du moins, est à la portée de tous ; puissent les jeunes gens de foi et de cœur le mettre sur le programme de leurs projets d'avenir !

(1) Cette année même vient de mourir M. de Bussy, l'illustre ingénieur des constructions navales, membre de l'Institut, auquel la France est redevable de la supériorité incontestée de ses cuirassés. Il communiait chaque jour et avait l'habitude, pendant qu'on lançait ses vaisseaux, de dire pieusement son chapelet.

V

LE BARREAU ET LA MAGISTRATURE

I

LE BARREAU ET LA MAGISTRATURE

1° — *Le Barreau.*

Le père de l'illustre Berryer, s'entretenant un jour avec son fils du choix d'un état, faisait briller à ses yeux certains avantages de la vie de fonctionnaire : « Non, répondit le jeune homme, je veux être indépendant, je serai avocat comme vous. »

Belle réponse sur les lèvres d'un chrétien auquel son rôle apparaît dans sa grandeur et qui, pour le mieux remplir, refuse d'être à la merci des caprices et des rancunes du pouvoir.

Voilà pourquoi, au jeune homme dont le cœur s'anime à la perspective de défendre, dans un avenir plus ou moins proche, les libertés de l'Église et celles des âmes, je donnerai volontiers ce conseil : « Faites votre droit et destinez-vous au barreau. »

Mais, pour être apôtre dans cette carrière, il faut prévoir de bonne heure les conditions du succès.

Là encore, demandons la lumière aux modèles.

*
* *

I. Ce qui frappe au premier coup d'œil chez les grands orateurs catholiques, c'est *leur amour de la vérité.*

Une cause leur semble-t-elle injuste, c'est aussitôt un sentiment de dégoût : pour rien au monde ils n'accepteraient de la défendre.

Un fait inouï dans les fastes judiciaires, mit en relief cette droiture d'âme en la personne de Berryer.

C'était dans un procès célèbre.

L'accusé, le docteur Castaing, pouvait être condamné à mort.

Berryer, convaincu de l'innocence de son client, plaide comme un homme sûr de la victoire : jamais son éloquence n'a été plus chaleureuse.

Castaing écoute : peu à peu, subjugué par

son défenseur, il s'émeut, éclate en sanglots, et voici que tout à coup il murmure ces paroles : « Oui, je suis coupable ! »

Berryer l'entend; mais alors, entre cet aveu et les précédentes déclarations du prévenu, le contraste lui apparaît si profond que, pris d'une indicible horreur, il se trouble, balbutie quelques mots et s'évanouit.

Le criminel fut abandonné à la justice des hommes, mais, pour l'orateur, il n'y eut pas de défaite. On sut désormais que Berryer ne pouvait souffrir le mensonge ; son influence et son prestige brillèrent d'un éclat nouveau.

La sincérité reconnue de l'avocat attire irrésistiblement à lui.

Ajoute-t-il à la droiture une connaissance sérieuse des lois, du code, de la jurisprudence, après quelques années il subjuguera les volontés ; et les juges, le voyant à la barre, se diront d'avance, surtout dans les affaires civiles : « La légalité sur laquelle il s'appuie est certaine, la cause doit être juste. »

Avant la bataille, il sera déjà victorieux.

Mais ce serait un tort de croire la droiture d'âme de l'avocat incompatible avec la pénétration et la finesse, nécessaires parfois pour triompher.

Dans l'intérêt même de la vérité, pour n'être

pas victimes des roueries les plus audacieuses, les célèbres orateurs catholiques furent des maîtres dans ces joutes de l'esprit.

O'Connell, sous ce rapport, était incomparable. Qui ne connaît l'histoire du fameux chapeau de James ?

James était un fermier irlandais, accusé d'un crime aux environs de Cork. Le principal témoin à charge jurait que le chapeau du prétendu coupable avait été ramassé près de l'endroit du meurtre et que le chapeau présenté au tribunal, comme pièce à conviction, était bien le même.

— En vertu de votre serment, dit O'Connell, êtes-vous sûr que c'est le même chapeau ?

— Oui.

— L'avez-vous bien examiné avant votre serment ?

— Oui.

— Maintenant, montrez-le moi, ajouta-t-il. Et prenant le chapeau, il en regarde très minutieusement l'intérieur, puis, paraissant lire, il y épèle le nom de James. « Vous jurez que ce nom était écrit dans le chapeau, quand vous l'avez trouvé ?

— Oui, je le jure.

— Vous l'avez bien vu ?

— Oui, je l'ai bien vu.

— Et c'est le même chapeau ?

— Oui, c'est le même.

— « Milords, dit O'Connell en se tournant vers les juges, voilà qui finit le procès. » — Et leur tendant la soi-disant pièce à conviction : « Aucun nom n'est écrit dans ce chapeau. »

Il fallut acquitter le prévenu aux applaudissements de la foule.

Vous le voyez donc, unir la souplesse de l'esprit à l'amour de la vérité, telle est, pour l'avocat, une condition de succès et d'influence.

*
* *

II. Mais il en est une autre plus noble encore, la fierté de la foi, *l'absence totale de respect humain.*

A vrai dire, pareil esclavage est-il possible dans une âme loyale et chrétienne ? Imagine-t-on un homme épris de la plus sainte des causes et lâche pour la défendre ?

L'histoire nous le dit, au barreau les orateurs catholiques ont tous été des braves et ont fait entendre les plus éloquentes professions de foi.

Qu'ils parlent au Reichstag d'Allemagne, au Parlement britannique ou dans notre Chambre des députés, toujours c'est un souffle généreux, une conviction, une ardeur, auxquels ne résistent pas les ennemis mêmes de la vraie foi.

Au Reichstag, Mallinckrodt se lève un jour et interpelle ainsi le Chancelier de fer : « Avez-vous peut-être cru que nos évêques reculeraient devant la prison, les amendes et l'exil ?

« Regardez avec quel enthousiasme ils courent au-devant des persécutions.

Le Clergé tout entier les suivra et, si cela est nécessaire, les laïques marcheront sur leurs traces. Toutes vos armes sont émoussées, il faudra en fabriquer de plus tranchantes : songez-y.

« En attendant, nous méditons, nous, l'immortelle devise : *Per crucem ad lucem,* par la Croix à la lumière. »

Après Mallinckrodt, Windthorst, son successeur et son émule, prend à son tour la parole et dit à Bismark :

« Vous avez le pouvoir de blesser nos cœurs ; vous n'avez pas celui de nous arracher notre foi.

« Quand vous aurez fermé nos églises, nous nous réunirons dans les forêts, nous imiterons les catholiques de France pendant la Terreur. »

Chez nous, la note monte, grave et solennelle

dans la bouche de Royer-Collard, président de la Chambre des députés. Ne croirait-on pas entendre une définition dogmatique lorsqu'il prononce ces paroles à propos de la loi du sacrilège ? « Nous catholiques, nous croyons, nous savons par la foi, que les hosties consacrées ne sont plus les hosties que nous voyons, mais Notre-Seigneur Jésus-Christ, le Saint des saints, Dieu et homme tout ensemble, invisible et présent dans le plus auguste de nos mystères. »

Enfin avec O'Connell, à la Chambre des Communes, l'acte de foi devient un cri d'indignation lorsqu'on ose toucher à ce qu'il aime.

Dans une séance orageuse il s'entend appeler « Papiste » au milieu de son discours. Sous le coup de cette interruption, l'orateur irlandais se redresse et se tournant vers l'interrupteur, lui lance cette apostrophe :

« Misérable, tu crois me faire injure en m'appelant ainsi. Tu ne fais que m'honorer. Je suis Papiste et je m'en fais gloire, parce que ma foi, par la succession non interrompue des Papes, remonte jusqu'à Jésus-Christ, tandis que la tienne ne va pas au-delà de Luther, de Calvin, d'Henri VIII et d'Elisabeth.

« Eh bien ! Oui, je suis papiste ! Si cependant tu avais une étincelle de bon sens, ne comprendrais-tu pas, pauvre fou que tu es, qu'il vaut mieux dépendre, en matière de religion, du Pape que du Roi, de la tiare que de la couronne, de la crosse que de l'épée, des Conciles que des Parlements ?

« Rougis-donc de toi-même, rougis de n'avoir ni foi, ni intelligence, et tais-toi ! »

L'autre se tut, n'est-ce pas le parti auquel l'impiété ou l'ignorance sont presque toujours réduites devant une foi qui s'affirme ouvertement et courageusement ?

Mais d'ordinaire une récompense plus désirée d'un cœur d'apôtre attend l'avocat fier de ses convictions religieuses et prêt à les défendre de toutes les forces de son amour.

Sa foi elle-même profite des sympathies et de l'admiration qu'il suscite ; son influence, déjà haut placée par sa droiture d'âme, s'élève encore, elle prend des proportions qui tiennent du prodige et voici ce que nous apprend l'histoire contemporaine.

En France, l'Académie se hâte d'ouvrir ses portes à Royer-Collard et l'écoute comme un oracle ; il lui est permis de tout dire. De Voltaire, par exemple : « Son passage sur la terre a été une calamité. » — D'un ordre religieux, objet de la haine des ennemis de Dieu : « Sparte a passé, les Jésuites ne passeront pas. Ils ont un principe d'immortalité dans le christianisme et dans les passions guerrières de l'homme ».

En Allemagne, après un discours de Mallinkrodt, on assiste à ce spectacle étrange et peut-être unique, d'une majorité protestante et haineuse infligeant un blâme au ministre, son homme-lige, et donnant raison au chef de la minorité catholique.

L'influence de Windthorst est plus populaire encore et plus universelle.

Une ville est créée en Herzégovine par des Allemands du Palatinat ; sans hésitation elle est appelée Windthorst.

Aux Etats-Unis, l'Université de Washington fonde une chaire de droit, on la décore aussi du nom du grand orateur catholique d'Allemagne.

A ces signes d'influence, devait s'en ajouter un autre, honneur posthume, dont il faut se souvenir.

Dans l'église Sainte-Edwige, sur le cercueil de Windthorst, tout Berlin put voir, pendant trois jours, près des insignes de l'ordre de Saint-Grégoire, une magnifique couronne : c'était celle de l'empereur d'Allemagne. En offrant au champion de l'Église Catholique cet hommage d'admiration et de respect, Guillaume II n'avait pas cru se diminuer.

Quant à l'influence d'O'Connell, un mot de Donoso Cortès la résume : « O'Connell, le seul homme qui soit un peuple ! »

A son appel les multitudes accourent. Aujourd'hui, c'est à Dublin qu'il convoque ses Irlandais : ils arrivent au nombre de 300 mille ; demain, c'est à Cork, ils seront 400 mille ; plus tard à Cashel, 500 mille ; à Tara 750 mille.

A l'Étranger, peuples et rois sont comme fascinés par son prestige.

Les Belges songent à lui offrir la couronne. Plusieurs souverains sollicitent un autographe de sa main. Le Czar Nicolas les imite, mais, au persécuteur de la Pologne, O'Connell dédaigne de répondre.

Chez Berryer, l'expression de la foi prend une autre forme ; c'est surtout dans l'intimité qu'elle se manifeste, avec une simplicité qui charme et édifie dans un si grand homme.

Quoi de plus beau, par exemple, que de le voir, déjà sur le déclin, servir à Augerville la messe de son curé ?

Quoi de plus touchant que de l'entendre réciter, au pied du Crucifix, ornement de son bureau de travail, le *Salve Regina*, sa prière favorite ?

Aussi bien, remplir tous ses devoirs est pour lui la chose la plus naturelle du monde. Un de ses amis politiques lui demande : « Monsieur Berryer, vous confessez-vous ? » — « Oui, vraiment ! » répond-il, étonné de la question.

Un autre jour, à table, M. Thiers l'interroge : « Allez-vous faire vos Pâques ? » — « Je le crois bien, je veux même demander à mon confesseur de les faire deux fois, à Paris d'abord, pour mon propre compte ; puis à Augerville, pour l'exemple de mes paysans. » — « Oh ! que vous avez raison, s'écrie l'interlocuteur de Berryer, si nous en faisions tous autant, la France serait sauvée ! »

Une si aimable et si franche piété devait être un apostolat. Celui de Berryer fut fécond. Après l'avoir vu aller à Dieu de cette allure, plusieurs de ses amis s'empressèrent de l'imiter. Apprenant la conversion de l'un d'eux, il pleura de joie.

Quel étudiant, fier de ses croyances religieuses, n'ambitionnerait de conduire, lui aussi, les âmes vers le Ciel en suivant la trace de ces maîtres de la parole ?

Mais lui faut-il des modèles plus à sa portée ? Patience ! demain il les aura. — Actuellement, en effet, une génération brillante monte à l'horizon du barreau ; — rien ne manquera à la gloire de ces chrétiens.

Passionnés pour le triomphe du droit, ils se sont déjà, même dans les défaites, couverts d'honneur.

Passionnés pour l'apostolat, ils ont pris la tête de la jeunesse catholique, ils l'éclairent, ils la conduisent, ils la soutiennent, ils l'animent.

Passionnés pour leur rôle social, ils mettent leurs services à la disposition des humbles : avocats consultants des pauvres, dans les cercles, dans les syndicats, dans les réunions populaires, ils travaillent au salut de leur pays.

Passionnés pour l'Église, ils entraînent à Rome l'élite de la jeunesse.

O'Connell mourant à Gènes, avant d'avoir vu le Pape, lui légua son cœur. Nos avocats portaient naguère à Léon XIII le cœur et l'âme de la France en lui offrant en leurs personnes, la fleur de ses fils.

2°. — *La Magistrature*

Un docteur en droit travailleur, sérieux, réfléchi, sans ardeur spéciale pour les luttes du barreau, ne semble-t-il pas admirablement doué pour les fonctions de magistrat ?

Oui, mais le magistrat est un fonctionnaire, et nul n'ignore combien sont étroits les trous du crible destiné par nos gouvernants à épurer, ou mieux, à avilir les fonctions de juge.

L'heure est venue, tout porte à le craindre, où les catholiques ne passeront plus.

Mais enfin il peut se rencontrer quelques exceptions.

Les chrétiens, objets de cette faveur, doivent s'en réjouir, car Dieu le veut ainsi, en vue de sa gloire.

Pour s'en rendre compte, un rapide coup d'œil sur les différentes catégories de magistrats.

Voici d'abord le Procureur de la République et le Procureur général. Le premier et ses substituts, près d'un tribunal de première instance ; le second près d'une Cour d'Appel ou près de la Cour de Cassation, constituent le Parquet ou la magistrature debout, complètement amovible.

Au Procureur d'exercer les fonctions du Ministère public ; à lui, en d'autres termes, de requérir l'exécution et l'application des lois.

Charge délicate, assurément, pour sa conscience, en face d'une législation sectaire. Toutefois, qu'il se rassure.

Le bon sens n'est pas mort et il est un de

ses axiomes contre lequel ne prévaudra aucun serment : « Une loi injuste n'oblige pas. »

Or, injuste, elle l'est, au premier chef, celle qui viole les droits de l'homme, de l'Église, de Dieu. Que le magistrat chrétien s'en souvienne et accomplisse son rôle noblement.

Que devra-t-il donc faire ?

Quand elles sommeillent, laisser dormir les lois antireligieuses.

Mais quand il y a menace d'être contraint d'agir, la situation se complique ; comment le chrétien sortira-t-il de ce mauvais pas ?

Ame chevaleresque et courageuse, il n'aura qu'une pensée : démissionner. En 1880, l'élite de la magistrature française a donné cet exemple, le suivre paraît une tentation bien naturelle.

Malgré tout, instruit par l'expérience et les regrets de beaucoup de démissionnaires, à ce magistrat, je me permettrais de dire : « N'allez pas trop vite, attendez, examinez, réfléchissez ; car, vous disparu, qui prendra votre place ? — Un homme sans principes, un instrument de parti, un vendu ! — Alors, adieu toute espérance de justice !

Vous, au pouvoir, ne saurez-vous pas, dans votre génie, guidé par Dieu, ménager à cette affaire une issue libératrice ?

Mais enfin, s'il faut tomber en démissionnant, que du moins ce soit sur la brèche, les armes à la main pour la cause de la liberté, par un refus net de mal agir. Imitez ce colonel que naguère la vraie France saluait comme le plus noble de ses soldats, comme un héros!

Au-dessus de la magistrature debout, voici la magistrature assise. Ses membres, gratifiés du privilège de l'inamovibilité, portent différents titres : Juges, dans les tribunaux de première instance; Conseillers, dans les Cours d'appel et de Cassation.

Parmi eux il en est un dont la mission est délicate et prépondérante entre toutes : le Juge d'Instruction.

Interroger la partie présumée coupable, voir s'il y a délit et engager ou non la cause devant les tribunaux, tel est son rôle. Qui n'en comprend l'importance?

Un beau jour, je le suppose, la police fait une descente chez un catholique, la persécution sévit, on cherche une victime. Mais le Juge d'Instruction est chrétien, il connaît son devoir, la malveillance a voulu incriminer un innocent; il le sait, il le voit. « Il n'y a pas lieu de poursuivre, » dit-il.

Ce verdict de sa part arrête tout.

Ailleurs, au contraire, il constate la violation de lois justes; sur son ordre le coupable comparaîtra devant les tribunaux, puis après l'exposé du délit par le Procureur lui-même et un plaidoyer d'avocat, les juges prononceront la sentence.

Acte solennel que celui-là.

Que de mal peut prévenir une condamnation sévère, infligée aux vrais crimes! Combien de journalistes, par exemple, qu'une forte amende, châtiment trop rare et souvent trop tardif des plus infâmes calomnies, a réduits à jamais au silence !

Par contre quel bien peut produire un acquittement ou même une condamnation accompagnée d'un libellé très élogieux pour le condamné!

Il y a quelques années, la parente d'un officier supérieur avait été insultée dans un mauvais journal. Le lendemain, passe sur la place publique le rédacteur de l'article. L'officier l'aperçoit, marche vers lui, et lui applique une superbe paire de soufflets.

L'officier fut condamné au minimum de la peine, et par une sentence si flatteuse pour sa franchise et sa dignité qu'il s'écria, en plein tribunal : « Messieurs, je vous remercie, c'est vraiment pour rien! »

Rendre la justice, fonction noble et sainte.

Ce magistrat l'aura dignement remplie qui, à l'heure de la mort, pourra s'appliquer à lui-même, en face de Dieu, le témoignage légué à ses fils, comme dernier souvenir, par le Président Bonjean, victime de la Commune :

« Je n'ai jamais trompé personne, et je vous affirme que le premier bien, c'est la paix de la conscience ; ce bien inestimable n'existe pas chez l'homme qui ne peut se dire : « J'ai fait mon devoir ! »

VI

CONSULATS ET AMBASSADES

VI

CONSULATS ET AMBASSADES

1°. — *Les Consulats.*

Au jeune homme énergique, entreprenant et à l'esprit quelque peu aventureux, voilà une carrière qui sourira.

Au catholique zélé pour la gloire de Dieu, voilà une route ouverte pour atteindre promptement son but.

L'influence, en effet, peut rayonner d'un poste consulaire, relativement modeste.

A côté des consuls du Cap, de Bombay, de Hong-Kong, d'Alexandrie, vrais potentats, que sont ceux de Jersey, par exemple, de Madère, de La Havane ou de cent autres îles et ports d'un mouvement commercial de second ordre ?

Dignité sans éclat! traitement modique! humbles honneurs!

Mais on peut, relativement jeune, parvenir à ces agences. Du reste, au simple chancelier drogman s'offre déjà l'occasion d'agir par lui-même, pendant les longs congés de son chef hiérarchique.

Est-il riche de cœur, de vie chrétienne et d'initiative, que de services il pourra rendre.

Il faut le reconnaître, à l'étranger le consul et la France ne font qu'un.

Quand le consul parle, c'est la France qui parle.

Quand le consul demande, ordonne, défend, permet, c'est la France qui demande, qui ordonne, qui défend et qui permet.

On le sait sur toutes les plages du monde, dans les îlots perdus, comme dans les grandes villes.

On le sait aux Maldives, aux Seychelles, aux Philippines, à Colombo, à Calcutta, à Melbourne, à Buenos-Ayres.

Là, vous verriez flotter le drapeau de la France sur une demeure inviolable, comme le maître qui l'habite : c'est la demeure du consul.

Mais qui sait mieux que les Français exilés,

commerçants ou voyageurs, que le consul c'est la France?

Avez-vous lu quelles fêtes ont lieu parfois, lors de la prise de possession de sa charge par le représentant de notre pays ?

Tous ses compatriotes sont allés au devant de lui, anxieux de connaître l'homme, intimement uni désormais à leur destinée.

Ils l'ont accueilli par des salves joyeuses; sur sa route il y a eu des guirlandes et des arcs de triomphe; il a entendu des discours de bienvenue et des chants d'espérance.

Les autorités locales sont venues, elles aussi, à sa rencontre, pour la présentation officielle et pour la remise de l'*Exequatur*, cette ordonnance du chef de l'Etat qui agrée le consul et l'exercice de son pouvoir.

Devant cet appareil, notre délégué s'est senti un personnage. Il a mieux vu et mieux compris l'étendue de son rôle.

Pour ses nationaux désormais il sera tout.

S'il n'y a pas d'ambassadeur, et il n'y en a que dans les grandes nations, il sera leur ambassadeur, il sera leur préfet, leur maire, leur notaire, leur juge de paix.

A lui, d'office, le contrôle de tous les actes qui les concernent; à lui d'inscrire les naissances, de signer le contrat civil qui précède le sacrement de mariage, de pourvoir au recrutement du service militaire, de donner des procurations, de régler l'importation ou l'exportation commerciale, à lui d'être averti de la mort de ses compatriotes.

Un cadavre de Français doit-il être ramené dans la patrie, au consul d'apposer son sceau sur les quatre coins du cercueil.

Que ne peut pour la gloire de Dieu et le salut des âmes un homme si intimement lié à la vie de tous et investi de tels pouvoirs?

Ce qu'il peut? Demandez-le donc aux pauvres gens, victimes d'illusions ou trompés par des promesses de succès faciles et de fortune.

Qui leur indique le moyen de vivre? qui les patronne? qui les case?

Le consul, s'il est bon.

Qui les rapatrie et les empêche ainsi de perdre à l'étranger leurs mœurs et leur foi?

Le consul, s'il est sage.

Ce qu'il peut?

Demandez-le aux missionnaires.

Du représentant de la France, sérieux et chrétien, ils vous diront : « C'est notre ami, notre protecteur et l'auxiliaire de notre apostolat. »

Personne autant que lui, par des égards envers ses ministres, ne peut servir la vraie religion.

On le vit bien, il y a quelques années, à Bangkok.

Le consul d'alors, monsieur Aubaret, grand patriote et grand chrétien, accepta le banquet annuel, offert par l'Empereur de Siam au corps consulaire. Mais sa réponse renfermait cette clause : « Je ne viendrai que si l'évêque catholique, monseigneur Dupont, préside. »

L'Empereur s'inclina et, dès ce jour, tombèrent une partie des préjugés païens contre les missionnaires et contre l'Évangile.

Ce que peut un consul ?

Demandez-le aux saintes femmes consacrées à Dieu et toujours prêtes, elles aussi, à porter au loin les lumières de la foi. Demandez-le, par exemple, à ces religieuses d'Abyssinie que prit sous sa protection Guillaume Lejean, l'explorateur des sources du Nil, délégué par Napoléon III, à titre de consul, près du négus Théodoros.

C'est à l'impératrice Eugénie qu'il s'adresse :

« Madame, il y a près d'ici un couvent de religieuses catholiques... Elles sont âgées, pauvres, et vivent péniblement d'un travail manuel fort grossier, mais sans se plaindre. Une œuvre charitable à laquelle je voulais les employer m'a fait connaître cette misère supportée héroïquement. J'ose espérer que l'auguste bienveillance de Votre Majesté s'étendra sur de saintes infortunes encourues pour la foi catholique... »

Une royale largesse répondait bientôt à cette requête et l'apostolat des Sœurs prenait un nouvel essor.

Ce que peut un consul?

Demandez-le encore aux pèlerins de Palestine conduits par M. de Belcastel en 1882 et solennellement reçus par notre délégué, dont le premier drogman arborait le drapeau français. Ce fut un jour de gloire pour la patrie et pour l'Église.

Ce que peut un consul enfin, demandez-le aux habitants de Jérusalem et ils vous diront : « Dernièrement, les religieux, gardiens du Saint-Sépulcre, ont été attaqués par des misérables, sorte de moines fanatiques, jaloux de la douce influence des Franciscains. Les hostilités menaçaient de devenir terribles, mais voici que tout à coup un homme se montre ; devant son attitude ferme et digne, le calme se rétablit, la Porte promet des réparations et les catholiques sont confirmés dans leurs droits : cet homme de foi et de cœur, c'est le consul, c'est la France ! »

2°. — *Les Ambassades.*

Ecoutez une page d'histoire.

Nous sommes en 1825; Jean VI de Portugal, trahi par son entourage et par son propre fils, Don Miguel, veut abdiquer.

Un ambassadeur, averti des intrigues ourdies contre le roi, en informe le corps diplomatique et l'invite à se rendre au palais.

Le nonce du Pape, comme toujours, marche en tête des représentants de l'Europe, mais, ignorant le portugais, en présence du monarque, il ne sait que dire.

Alors, l'ambassadeur qui a provoqué la réunion s'avance, rassure Jean VI en quelques mots, puis, d'un geste énergique, ordonne d'amener l'Infant : « Prince, lui dit alors l'ambassadeur, d'un ton qui ne souffre pas de réplique, prince, mettez-vous à genoux et demandez pardon à votre père. » Don Miguel obéit en tremblant.

Hyde de Neuville venait de montrer une fois de plus l'ascendant d'un beau caractère de Français.

Mais l'ambassadeur est au sommet de la hiérarchie.

Quant à vous qui tendez vers ce but, je vous

suppose à la fin de votre stage dans les bureaux du ministère des Affaires Étrangères. Vous passez brillamment l'examen d'aptitude, puis, un jour, vous recevez votre feuille de route. A titre d'attaché ou de secrétaire de troisième classe, vous allez prendre place soit à l'ambassade de Vienne, soit à celle de Berlin, de Madrid, de Saint-Pétersbourg, ou aux légations de Lima, de Santiago, de Washington.

Dès lors, vous êtes en voie de monter, mais avec quelle lenteur !

Du moins, pendant cette ascension, avez-vous le dédommagement d'une influence efficace pour le bien ?

Pas d'autre, hélas! que celle exercée par tout homme de devoir, énergique, modeste et bon, offrant le spectacle des vertus chrétiennes.

Spectacle rare, il faut le dire, dans ces carrières de la diplomatie où une sorte d'enivrement s'empare vite du jeune homme, l'étourdit et l'entraîne dans un perpétuel tourbillon de fêtes, de soirées, de réceptions et de banquets.

Le monde, avec ses plaisirs séducteurs, est là.

Il vient au devant de l'attaché d'ambassade, fier, en général, d'un beau nom et d'une fortune brillante; il entoure sa jeunesse, il la choie, il la cajole, il la fait marcher, pour ainsi dire, au milieu des flatteries et des sourires, des lumières et des fleurs.

Quel péril d'oublier la gloire de Dieu, l'apostolat des âmes et jusqu'à son éternelle destinée, sur cette route, glissante entre toutes, de la frivolité.

Heureusement, certaines vertus de profession peuvent faire contrepoids à ces dangers de la vie de diplomate.

Le tact, la fermeté, une réputation sans tache, sont exigés de l'ambassadeur et de son personnel. Tous leurs faits et gestes sont connus, notés, jugés.

C'est un appui déjà pour les âmes hautes qui joignent à la crainte de Dieu un profond sentiment d'honneur.

Autre secours encore : en perpétuel contact avec des intelligences d'élite, les attachés et les secrétaires d'ambassade doivent beaucoup étudier s'ils veulent faire bonne figure dans le monde politique ; ils doivent creuser les questions effleurées autrefois ; ils doivent savoir à fond la langue du pays où ils vivent et en connaître le caractère, les mœurs et les usages.

Auxiliaires des moyens surnaturels, les pratiques religieuses, ces exigences de leur situation peuvent les soutenir et les sauver.

Je voyais récemment le frère d'un secrétaire

de première classe à l'ambassade de Constantinople : « Vous ne sauriez imaginer, me disait-il, quelle somme de travail X... s'impose chaque jour. Il est devenu capable d'être consulté sur tout, de répondre à tout, de tout conduire par lui-même. »

Quelques jours plus tard, je constatais avec plaisir, dans les journaux, l'exactitude de ce témoignage fraternel ; le secrétaire d'ambassade en question venait, en l'absence de son chef hiérarchique, de contraindre le Sultan à se rendre aux désirs de la France, dans la fameuse affaire des quais de Constantinople.

Catholique fervent, que ne fera pour la gloire de Dieu, la défense de l'Église et le bien des âmes, un tel homme parvenu à des charges plus hautes encore ?

L'ambassadeur a la puissance en main ; s'il aime Dieu, s'il rêve sa gloire, il accomplira des merveilles.

Faut-il évoquer le souvenir de noms illustres ?

Consalvi, nonce du Pape près de Napoléon, reste grand à côté de l'Empereur, il lutte avec lui d'égal à égal ; sa souplesse et son génie obtiennent la victoire et il signe le Concordat.

Presque à la même époque, Joseph de Maistre, ministre plénipotentiaire du roi de Sardaigne, est un foyer de lumière qui, de

Saint-Pétersbourg, rayonne sur toute l'Europe.

Plus tard, Chateaubriand, aux ambassades de Suède, de Berlin et de Rome, mène la politique aussi bien que la littérature, et fait dire de lui : « Toujours il aura une des premières places dans l'histoire, à cause de son influence sur les plus grands esprits de son temps (1). » Ministre de Charles X, sûr de son autorité, il s'établit ouvertement défenseur de la religion à la tribune, ce qui donna lieu, un jour, à un incident fort applaudi.

— « Pure théorie que tout cela, avait crié quelqu'un à gauche, M. de Chateaubriand pourrait-il nommer son confesseur? »

— « Mon confesseur, c'est monsieur le curé de Saint-Sulpice, reprit sans se troubler le ministre. C'est une bonne connaissance à faire et je le conseille à mon honorable contradicteur. »

Et Donoso Cortès, comment l'oublier?

Ambassadeur d'Espagne à Paris, par ses entretiens et par ses écrits, il fait connaître et aimer la vérité à des milliers d'âmes.

Pouvait-on moins attendre d'un homme, dont la profession de foi est devenue célèbre?

« Je suis purement catholique; je crois et

(1) M. de Vogué.

professe ce que croit et professe l'Église catholique, apostolique et romaine. Pour savoir ce que je dois croire et penser, je ne regarde pas les philosophes, je regarde les docteurs de l'Église. Je n'interroge pas les sages, ils ne pourraient pas me répondre. J'interroge plutôt les femmes pauvres et les enfants, ces deux vases de bénédiction, parce que l'un est purifié par les larmes et que l'autre est embaumé des parfums de l'innocence. »

Un si grand chrétien devait apprendre au monde diplomatique comment on meurt après une vie consacrée à faire le bien.

Donoso Cortès, à l'agonie, endurait ses souffrances avec une inaltérable douceur :

— « Vous soignez là un malade, comme vous n'en avez pas souvent, c'est un saint », dit le docteur Cruveilher à la religieuse qui gardait le moribond. Donoso l'entend et, par un effort suprême, il se redresse et apostrophe le médecin avec violence :

— « Que dites-vous là, monsieur Cruveilher? Avec de telles idées on me laissera dans le Purgatoire jusqu'à la fin du monde ! » Puis, se tournant vers le crucifix, avec un geste inexprimable : « Vous le savez, mon Dieu, que je ne suis pas un saint ! »

On lui annonça que l'Empereur envoyait un

aide de camp pour lui témoigner son affectueux intérêt. Il remercia d'un signe de tête, mais aussitôt, regardant l'image du Christ : « Pourvu, dit-il, que Celui-là s'intéresse à moi, c'est tout ce qu'il me faut. »

— « Il n'est jamais cinq minutes sans penser à Dieu, disait la sœur, et quand il en parle, ses expressions semblent des flèches qui s'enfoncent dans le cœur. »

Tel fut l'ambassadeur d'Espagne, dont Louis Veuillot a pu dire : « Jamais personne n'a rendu la religion plus aimable et n'a donné plus d'attrait à la vertu. »

VII

LA CARRIÈRE DES LETTRES

VII

LA CARRIÈRE DES LETTRES

1°. — *L'enseignement.*

Carrière splendide pour des chrétiens, à l'heure où l'Église fait appel aux laïques pour répandre, avec la science profane, les vérités éternelles dans les âmes !

Aux religieux ce rôle était enlevé hier par les ennemis de Dieu. Demain, il sera peut-être interdit aux prêtres séculiers à leur tour.

Alors, pour garder les saines doctrines, pour pénétrer la jeunesse de la sève catholique, que restera-t-il ?

L'expérience peut parler.

Dans la crise que traversent aujourd'hui les collèges libres, beaucoup de leurs anciens

6.

élèves sont sur la brèche pour lutter et maintenir. Déjà que d'admirables dévouements, renouvelés de jadis ! N'avait-on pas vu, il y a quelques années, un personnage haut placé s'offrir pour un poste modeste et, leçon pratique d'abnégation et de foi, le remplir effectivement dans un collège de province ?

Tout récemment, était-ce un moins beau spectacle de voir un officier supérieur d'artillerie, fier de tenir la place d'un religieux proscrit, déposer ses épaulette et ses galons, au souvenir peut-être de cet illustre orateur qui signait autrefois : « Charles de Montalembert, maître d'école et pair de France? » Exemples séduisants pour des cœurs chevaleresques !

Songez-y : agir sur les âmes, mettre dans l'intelligence des hommes de l'avenir la lumière et dans leur volonté la droiture ; leur faire aimer la vertu et le devoir et, à force de flétrir le terre à terre, leur inspirer l'horreur du mal, tel sera votre rôle ; en pouvez-vous concevoir un plus beau ?

Sans doute sur votre chemin, il y aura des épines ; à certaines heures, la formation chrétienne de l'enfance est une rude tâche. Mais quel dédommagement un jour à la vue d'une génération fidèle sortie de vos mains !

Au reste, voulez-vous connaître l'utilité d'une œuvre ? Voyez où tendent les coups et la rage des sectaires.

Leurs efforts de ces derniers temps ne nous crient-ils pas : « L'œuvre par excellence, c'est l'enseignement chrétien ! »

2°. — *Les fonctions d'archiviste et de conservateur de bibliothèque.*

Que si aux fatigues et aux luttes de l'éducateur-apôtre, vous préférez le calme d'une vie d'étude, que si la science sourit à votre esprit avide et chercheur, la fonction d'archiviste ou celle de bibliothécaire comblera sans doute vos désirs.

L'École des Chartes est la route la plus directe vers ces emplois où peut se faire sentir, sur le monde des penseurs, l'influence d'un catholique.

L'Archiviste, en effet, et le Bibliothécaire d'une ville sont considérés d'ordinaire comme des érudits. Qui n'aime à les consulter, quand ils attirent par une réputation de complaisance aimable et modeste ?

Semeurs d'idées, lorsque, par exemple, ils se nomment Léon Gautier, longtemps archiviste de la Haute-Marne ou Xavier Marmier, conservateur de la bibliothèque Sainte-Geneviève, à Paris, autour d'eux, peu à peu, deviennent en honneur les jugements vrais et les saines doctrines.

Malheur à l'histoire travestie ! Malheur aux préjugés antireligieux ! Malheur aux livres en vogue, qui corrompent les mœurs ou pervertissent les intelligences ! Un mot du savant peut faire s'évanouir tout leur prestige.

« Dans les salons, raconte l'historien de Léon Gautier, voyait-il passer une erreur dangereuse, il prenait la parole avec la fougue de la conviction et une compétence qui s'imposait. Par contre, avait-il lu quelqu'un de ces beaux ouvrages qui élèvent l'âme et fortifient la foi, sa manière d'en parler donnait à beaucoup le désir de l'avoir pour le mieux connaître. Jugeant tout au point de vue catholique, sa conversation était un véritable apostolat. »

Que dire de son enseignement à l'École des Chartes ?

L'exorde de son cours était invariablement celui-ci : « Dieu aidant, Messieurs — car j'ai l'habitude de mettre Dieu à la base de tout ce que je fais — c'est pour la vingt-cinquième... c'est pour la vingt-sixième fois que je commence dans cette école le cours de paléographie... »

Vous pourrez donc, à votre tour, acquérir de l'influence et faire du bien en passant par l'École des Chartes ; mais que la perspective d'une existence monotone et sédentaire ne vous effraye pas trop.

Libre à vous d'interrompre, de temps à autre, par des voyages, votre vie de labeur. Qui a jamais plus couru le monde que Xavier Marmier avec sa « nature d'hirondelle » connue sous tous les cieux ?

Pendant six mois de l'année, il s'enfermait avec ses livres, il les rangeait, il les cataloguait, il les lisait surtout, et puis un beau jour il partait pour aller voir de ses propres yeux, pendant six autres mois, les plus belles choses de la terre. L'Islande, le Groënland, la Suède, la Russie, les Antilles, l'Amérique du Nord et l'Amérique du Sud, l'Orient, le virent tour à tour. Il les a chantés dans des livres, résumés sous ce titre : *Impressions d'un voyageur chrétien.*

« O poésie de la mer, s'écriait-il parfois, quiconque a mis ses lèvres à cette coupe enchantée ne peut en perdre le souvenir. »

Homme de foi profonde et d'un aimable caractère, Xavier Marmier fit beaucoup de bien dans sa charge de bibliothécaire. Il souriait à ses visiteurs, tous séduits par son abord et ses charmes. Ame belle et pure, lorsque Dieu vint le chercher, il sourit non moins doucement à la mort, selon le mot de M. de Bornier, son ami.

3. — *La carrière d'écrivain.*

L'École des Chartes vous y préparerait à merveille, car nous ne sommes plus, il s'en faut de beaucoup, à cette époque de goûts superficiels où le style était tout, en littérature. Avec des périodes ronflantes et des comparaisons imitées d'Homère ou de Virgile, vous auriez ravi vos lecteurs en ce temps-là. Aujourd'hui ces fioritures vous mèneraient à un fiasco.

Que veut la génération contemporaine ? Des faits précis, un sentiment simple et juste. De là le succès des élèves de l'École des Chartes, formés en vue d'approfondir les questions et de rendre à l'histoire sa véritable physionomie. De là aussi la vogue des spécialistes.

Sachez donc vous spécialiser. Faites choix d'une mine, d'un filon, et creusez.

L'Église vous invite à ce travail.

Toujours à la tête du progrès, quoi qu'en dise la calomnie ou l'ignorance, elle bénira vos efforts. N'est-il pas beau de voir ses fils conduire la marche des sciences à travers les siècles ? Littérature, histoire, astronomie, mathématiques, physique, chimie, tout se développe, s'épanouit, se perfectionne sous ses enseignements ; preuve manifeste que la foi, au lieu de ralentir l'essor de l'esprit, l'élève à des hauteurs d'où il est à même de mieux voir et de mieux exprimer ce qu'il voit.

Lisez sur cette matière le livre du P. Zahm : *Sciences et savants catholiques* (1), vous serez émerveillés.

De notre temps, l'union de la science et de la foi s'est pour ainsi dire incarnée en deux hommes aussi fins littérateurs que mathématiciens éminents : Ampère et le baron Cauchy. Ce dernier laissa un jour déborder les sentiments de son âme en des termes trop beaux pour ne pas les mettre ici sous vos yeux :

« Je suis chrétien, c'est-à-dire que je crois à la divinité de Jésus-Christ, avec Tycho-Brahé, Copernic, Descartes, Newton, Fermat, Leibnitz, Pascal, Grimaldi, Euler, Guldin, Boscowich, Gerdil ; avec tous les grands astronomes, tous les grands physiciens, tous les grands géomètres des siècles passés. Je suis même catholique avec la plupart d'entre eux, et si l'on m'en demandait la raison, je la

(1) Lethielleux.

donnerais volontiers. On verrait que mes convictions sont le résultat, non de préjugés de naissance, mais d'un examen approfondi. Je suis catholique sincère comme l'ont été Corneille, Racine, La Bruyère, Bossuet, Bourdaloue, Fénelon, comme l'ont été et le sont encore un grand nombre des hommes les plus distingués de nos jours, de ceux qui ont fait le plus d'honneur à la science, à la philosophie, à la littérature, qui ont le plus illustré nos académies. Je partage les convictions profondes qu'ont manifestées par leurs paroles, par leurs actions et par leurs écrits tant de savants de premier ordre, les Ruffini, les Haüy, les Laënnec, les Ampère, les Pelletier, les Freycinet, les Coriolis ; et j'évite de nommer ceux qui restent, de peur de blesser leur modestie. »

Un tel homme pouvait-il n'être pas un apôtre? Demandez-le aux œuvres de Saint-François-Régis, des Petits-Savoyards, de Saint-Vincent de Paul et des Ecoles d'Orient, dont il fut l'âme, à Paris, jusqu'à sa mort.

Conclusion pratique : à qui se sent capable de creuser une des multiples mines des connaissances humaines, la carrière d'écrivain peut donner de l'influence, du prestige et un moyen de servir Dieu.

Mais ici, gare à l'illusion !

Jamais je n'oublierai l'entretien d'un littérateur émérite avec un jeune homme, naïvement convaincu que sa plume allait remuer le monde : « Que savez-vous ? lui demandait-il ; quelles sont vos connaissances positives ? Quelles chances de réussite avez-vous ? »

— « J'ai fait de bonnes études classiques ; j'ai le goût des lettres, j'écris facilement et je suis prêt à tout faire. »

— « Mon ami, croyez-moi, prenez garde de n'être, en ce genre, propre à rien ! »

Encore un conseil de l'expérience.

Êtes-vous peu fortuné, à moins de dons littéraires incontestables, renoncez à la carrière des lettres. D'ordinaire ce n'est pas à l'opulence qu'elle conduit, mais à la ruine. Voyez Paul Féval, le vicomte Walsh et bien d'autres ; n'étaient-ce pas des hommes de talent ? Ne s'étaient-ils pas fait un nom ? Et malgré tout, ils ont vécu et ils sont morts dans l'indigence.

Quant à vous, dont le génie ne semble pas devoir s'imposer à l'admiration publique, lorsque, pour la première fois, vous aborderiez un éditeur, peut-être vous tiendrait-il le langage qui accueillit jadis le chansonnier Pierre Dupont :

— Avez-vous déjà publié quelques volumes ?

— Pas un seul.

— C'est fâcheux. Faites-vous connaître, nous verrons à traiter ensuite.

— Mais si l'on ne publie rien, comment voulez-vous que je me fasse connaître ?

— Oh ! quant à cela, rien de plus facile, on publie cinq ou six ouvrages à ses frais.

— Je ne suis pas riche, balbutiait Dupont.

— Vous n'êtes pas riche ? Alors pourquoi, diable, écrivez-vous ?

Choisissez donc une carrière où vous ayez chance de réussir. Cela fait, sans être écrivain de profession, vous pourrez exercer de temps à autre votre plume en des articles pleins d'à-propos, courts, chaleureux, vibrants, destinés aux journaux catholiques.

Que de défenseurs de la bonne cause se plaignent de n'être pas secondés ! Autour d'eux, sans doute, il y a des amis ; mais combien peu ont un talent et un courage à la hauteur de leur foi ! Partout, c'est la somnolence et la torpeur. Ah ! si quelques vaillants jeunes hommes voulaient écouter leurs convictions et les ardeurs de leur printemps, que de merveilles seraient le fruit de leurs efforts ?

L'Église est outragée, la France agonise, on se moque dans notre pays des plus saintes et des plus élémentaires libertés, partout c'est le triomphe de l'injustice, de la corruption et de la haine. Quelles colères ne devraient pas gronder dans les âmes jeunes, intelligentes et convaincues ! Et au souffle de ces colères, quelles pages éloquentes iraient s'imprimer dans les journaux catholiques pour protester, pour réclamer, pour exiger, pour rompre enfin, les chaînes de notre esclavage !

Le journalisme, de nos jours, gouverne l'opinion. Mais l'opinion n'est-elle pas la reine du monde ? Le journalisme est par là même une puissance ; lui prêter son concours est un apostolat. Mgr de Ketteler, l'illustre évêque de Mayence n'a-t-il pas été jusqu'à dire : « Si saint Paul revenait parmi nous, il se ferait journaliste » ?

Rappelez-vous cette parole, aux heures de loisir butinées dans la carrière de votre choix, et méritez cet éloge adressé à M. de Champagny, lors de sa réception à l'Académie française :

« Vous êtes chrétien, Monsieur, partout, toujours, avant tout. C'est votre honneur, votre mérite et le trait caractéristique qui frappe d'abord, quand on lit ce qui est sorti de votre plume. »

VIII

LES BEAUX-ARTS

VIII

LES BEAUX-ARTS

Quelle est ici-bas leur mission ?

Léon Gautier l'a, pour ainsi dire, chantée dans une page d'un livre charmant, mais trop peu connu : *Voyage d'un catholique autour de sa chambre*.

« Pour vous, dit-il, artistes chrétiens, en vérité, vous avez un sacerdoce, qui n'est, sachez-le, qu'un reflet de celui de nos prêtres.

« Je vous l'apprends, vous êtes des apôtres.

« Votre occupation, votre devoir, votre honneur sont de convertir les âmes et de les conduire dans ces grands bras de Dieu, toujours ouverts pour recevoir les pécheurs, toujours fermés pour retenir les justes.

« C'est votre mission, c'est le seul but de l'art.

« Il faut que chaque peintre, chaque orateur, chaque musicien ressemble à ces anges sculptés sur nos portails gothiques et qui, au jour du Jugement, conduisent aux pieds du Sauveur toute une bande d'élus.

« Aux sons de votre voix, à la vue de vos toiles, au bruit de vos concerts, il faut que les âmes se soulèvent vers Dieu disant : « *Ibo ad Patrem*, j'irai vers mon Père. » Il faut que vous présentiez à Dieu chacun une gerbe d'âmes. »

⁂

Qu'en est-il de ce souhait de l'illustre écrivain ?

Voyons-nous beaucoup d'artistes soucieux de porter vers le Ciel les admirateurs de leurs œuvres ? L'esprit de la plupart n'est-il pas hanté par des préoccupations exclusivement vulgaires ou égoïstes ? Arriver au Salon, gagner le prix de Rome, devenir les hôtes de la villa Médicis, se faire un nom et une fortune ; mais avant tout, — chemin direct du succès, — plaire, oui, plaire en flattant le goût en vogue, leurs aspirations, en général, sortent-elles de ces étroites limites ?

Or, le goût en vogue s'étale sans aucun mystère dans des milieux corrompus par l'opulence. Que veulent-ils? Que cherchent-ils? L'honnête, le bien, le beau, en un mot, l'art, dans sa signification complète et vraie? — Non, hélas!

Une anecdote, racontée par M. Hello, peint à merveille les tendances de ce triste monde, arbitre de la mode et prétendu bon juge de ce qu'il faut admirer.

Nous sommes à la fin du premier Empire. Il y a fête aux Tuileries. Dans la salle de réception, aux murs couverts de chefs-d'œuvre : toiles de Michel-Ange, de Fra Angelico, de Raphaël, vont et viennent des princes et des personnages militaires. L'Empereur est le centre de tout.

A une fenêtre, accoudé d'un air maussade, le roi de Rome.

Près de lui, de grandes dames chargées de bijoux, des reines assises dans des flots de dentelles.

Par un pénible contraste avec ces splendeurs, du côté du pavillon de Flore, non loin des grilles du jardin, un groupe hideux de malpropreté; il pleut et cette bande de gamins se vautre dans le ruisseau.

L'Empereur s'approche de son fils.

« Qu'as-tu donc ? Tu es rêveur !

— Tout cela m'ennuie, répond l'enfant, et, d'un geste, il montre les tableaux du salon.

— Tout cela, mais, c'est l'art, répond Napoléon.

— Tout cela m'ennuie, répète le jeune prince ; et, cette fois, il désigne les généraux dont la conversation est trop sérieuse pour lui.

— Tout cela, c'est le génie et la gloire !

— Tout cela m'ennuie, poursuit-il encore, en indiquant le cercle des femmes.

— Tout cela, c'est la grâce et l'élégance ! Mais que veux-tu donc, petit ambitieux, que veux-tu ?

— Père, dit l'enfant à voix basse et les yeux tournés vers les gamins de la rue, père, je voudrais, moi aussi, aller me rouler dans cette belle boue ! »

Paroles sans portée, dites à cet âge ; mais, combien d'hommes, même parmi les privilégiés, sont insensibles aux choses vraiment artistiques, d'où rayonne la plus belle image de Dieu sur la terre, l'âme humaine, bonne, pure, vertueuse, et, dédaigneux de ce qui élève, soupirent après la boue, j'entends celle qui souille le cœur !

L'immonde leur manque, ils ont la nostalgie de la fange.

Et la fange vient à eux de toutes parts.

La littérature la leur apporte, avec le flot de ses romans lascifs.

La peinture et la sculpture la leur prodiguent.

La musique, elle-même, les berce dans des ondes voluptueuses où s'évanouit tout sentiment de noblesse et de dignité. Offrir cet aliment aux bas instincts des foules, quel crime!

Et ce sont des artistes, poètes, littérateurs, peintres, musiciens, qui le commettent, devenant, à leur insu peut-être, les plus utiles valets de la secte qui perd la France.

— « Le Catholicisme croulera sous la corruption, disait naguère, au congrès de Rome, le pontife suprême de la franc-maçonnerie, Nathan; — ne nous lassons donc pas de corrompre. Tertullien affirmait que le sang des martyrs enfante des chrétiens. Il est décidé dans nos conseils que nous ne voulons plus de chrétiens, ne faisons donc pas de martyrs, mais popularisons le vice dans les multitudes. Qu'elles le respirent par les cinq sens, qu'elles le boivent, qu'elles s'en saturent. Faites des cœurs vicieux, et vous n'aurez plus de catholiques. »

Tel est le monstrueux programme des Loges; et il se rencontre des artistes assez dénués de tact et assez lâches pour le suivre.

Au reste, n'ont-ils pas des sentences toutes prêtes pour se justifier? Celle de Zola, par exemple : « Tout ce qui est littéraire est moral. » Celle de Paul Bourget : « L'épithète malsaine, appliquée à une œuvre d'art, n'a pas de sens. »

Cette dernière maxime, répudiée aujourd'hui par son auteur, continue, malgré tout, de faire son chemin, et la physionomie d'une de ses victimes me restera dans la mémoire longtemps.

C'était un homme riche et généreux, mais remarquablement borné. Par pose et, je l'imagine, sans trop savoir ce qu'il faisait, il acheta, pour son antichambre et pour son salon, des statues et des tableaux, genre réaliste obscène.

Quelques jours après, un de ses voisins, intelligent, lui, et père de famille sérieux, à la vue de ce nouveau décor, crut devoir parler : « Ne vous étonnez pas, dit-il, que je cesse désormais de vous amener mes enfants. Je ne veux pas que leurs yeux se salissent ici. »

Grand scandale de l'amateur naïf : « Mais, c'est de l'art, répétait-il ; c'est de l'art? Et l'art n'est jamais immoral! »

Heureusement, il avait affaire à forte partie. Avec beaucoup de patience, le vrai but de l'art, sa subordination aux lois de Dieu, le péché d'origine, les appétits sensuels trop vite éveillés dans les jeunes âmes, la beauté de l'innocence, tout lui fut rappelé, expliqué; il comprit enfin et bientôt les enfants de son ami purent revenir, sans péril pour leur vertu.

*
* *

Mais, grâce à Dieu, le génie s'élève au-dessus des calculs mesquins et avilissants qui détournent l'art de sa mission.

Il cherche le vrai, le bien et le beau. Il les demande à tout ce qui reflète une perfection divine et, quand il les entrevoit, de son cœur s'échappe un chant d'allégresse, et parfois un cri de souffrance, la souffrance de ne rendre qu'à demi l'objet de sa vision. Écoutez la douleur d'une de ces belles âmes; c'est Fra Angelico de Fiesole, presque au désespoir devant une ébauche de Madone :

Dix jours déjà passés, auprès de cette toile
Chaque matin je viens m'asseoir,
J'y suis dès que la nuit a replié son voile,
Et la première étoile
M'y retrouve le soir.
En vain s'élève au ciel ma prière plaintive,
En vain mon espérance attend,
D'heure en heure s'éteint la lueur fugitive
Et ma veine craintive
S'épuise à tout instant.

La Vierge d'Israël, quel peintre l'a trouvée ?
Quel poète a dit son vrai nom ?
Moi, je n'ai jamais peint Celle que j'ai rêvée,
Et mon œuvre achevée
Me disait toujours : « Non. »
Peindre Dieu s'admirant dans une créature,
Riant avec elle au berceau
Et la grâce imprimée au front de la nature,
Bravant la pourriture
Et la nuit du tombeau ;
Sur un tissu grossier refléter l'auréole
Que jamais mon œil ne suivit,
Arrêter sur son front le souffle qui s'envole,
M'abat et me console,
Me tue et me ravit !...
Vierge, si votre main a refermé le livre,
Si l'aube ne doit pas venir,
Dans vos fuyants éclairs si je ne puis vous suivre,
Qu'ai-je besoin de vivre ?...
Il est temps de finir... (1)

Le dix-neuvième siècle a connu de ces artistes, peintres, musiciens, poètes, architectes, sculpteurs à l'âme toute pénétrée d'idéal. Sur leurs traces une traînée de douce et pure lumière. Les jeunes gens, amis de l'art ou désireux de lui consacrer leur vie, verront à cette clarté comment, pour être influent et apôtre, on doit juger et agir avec le respect de la conscience chrétienne et de l'honneur. Mais

(1) J. B. Fougeray.

il faut circonscrire les limites du tableau : admirons seulement les peintres et les musiciens.

LES PEINTRES

Un salut, tout d'abord, aux rois de la peinture, aux chefs d'école.

Remontez à quelque cinquante ans ; le nom d'*Ingres* est sur toutes les lèvres ; le voir, l'entendre, franchir le seuil de son atelier, c'est faveur chère aux jeunes de ce temps-là.

Suivez un instant les privilégiés, et bientôt vous serez en face d'un homme à l'apparence massive, mais au regard où brille une âme vibrante et forte.

Voyez-le parcourir les rangs de ses nombreux élèves ; il examine leurs travaux : un éloge à celui-ci, à celui-là un conseil de retouche, des reproches à plusieurs. Le maître est du Midi ; prompte est sa colère, mais, profondément bon, ses coups ne blessent jamais.

L'inspection est achevée. Ingres s'arrête et se recueille ; puis, tout à coup, il élève la voix. Ce n'est pas une leçon en règle, mais un aperçu rapide et pénétrant, comme un éclair dont la lueur doit illuminer et guider ces artistes de l'avenir :

« Pour vous former au beau, Messieurs, ne voyez que le sublime ; ne regardez ni à droite, ni à gauche, encore moins en bas. Allez la tête levée vers les cieux, au lieu de la tenir courbée vers la terre, comme les porcs qui cherchent dans la boue. »

Doctrine spiritualiste féconde. Elle germera dans plus d'une âme, mais, à *Hippolyte Flandrin* l'honneur de la faire fleurir dans son éclat et son parfum.

Jamais ce grand peintre n'a souillé son art. On sent, au contraire, dans chacune de ses œuvres, qu'une main admirablement chaste a dirigé le pinceau.

Aussi, quel cachet sur le visage des anges et des saints de ses fresques ! Foi, amour, beauté de l'innocence et béatitude, voilà ce qu'on admire à Saint-Germain-des-Prés et à Saint-Vincent de Paul.

— « Vous descendez donc du Ciel ? lui dit un jour son maître, en l'embrassant avec tendresse ; car il n'y a qu'au Ciel qu'on puisse voir de telles figures ! »

Sans descendre du Ciel, il suffisait à Flandrin de lire dans son propre cœur et de se souvenir de l'enseignement d'Ingres pour rencontrer les beaux sentiments qu'aimait à traduire son génie.

Sur les murs de son atelier, il avait écrit ces paroles du Psalmiste : « Seigneur, vous m'avez inondé de joie par le spectacle de vos ouvrages, je serai heureux en chantant le fruit du travail de vos mains. »

Tel fut vraiment son apostolat.

Un émule de Flandrin, c'est *Puvis de Chavannes*, également jaloux d'appliquer à l'art décoratif cette parole de l'Écriture : « Le ciel et la terre racontent la gloire de Dieu ! »

Dans ses peintures, rien que de calme, d'élevé, de pur.

Sa vie de sainte Gèneviève, au Panthéon, est faite de profond silence, de paix, de sublime simplicité ; on dirait une mélodie qui chante la puissance surnaturelle de la prière.

— « Quel a été votre maître ? lui demandait un jour quelqu'un.

— Mon maître ? Personne ! Ou plutôt, c'a été l'horreur de certaines choses. »

Par là, sans doute, Puvis de Chavannes désignait le sans-gêne et l'absence de tenue en usage dans les ateliers de Couture et Delacroix, qu'il avait fuis.

Mais voici encore une figure, attrayante entre toutes par son exquise délicatesse d'âme ; voici *Corot*, l'admirateur de la nature et son interprète le plus habile.

Que rien ne pût choquer les yeux dans son atelier et dans ses salons de la rue Paradis, en douterez-vous quand vous saurez que les Sœurs de la Charité étaient là comme chez elles ?

A l'annonce de leur visite, chevalet, pinceaux et couleurs, Corot abandonnait tout.

Il courait, pour ainsi dire, au devant d'elles ; il les faisait asseoir et les interrogeait sur leurs malades, leurs vieillards, leurs petits enfants de la crèche Saint-Marcel.

Au récit des religieuses, souvent de grosses larmes coulaient sur les joues du bon Corot, et toujours des louis d'or ou des billets de banque s'en allaient, avec les Sœurs, vers les pauvres. « Je serais un coquin, disait-il alors parfois, si je ne venais en aide à tant de misères. » Et comme une de ses visiteuses exprimait un jour la crainte d'abuser de son bienfaiteur : « Non, non, reprit-il, loin de là, il y va même de mon intérêt. Car, il faut que vous le sachiez, mon travail est plus beau et mieux réussi quand je vous ai donné. C'est que, voyez-vous, mon pinceau se ressent de toute la joie que j'éprouve d'avoir pu soulager les malheureux. »

L'entourage de Corot, élèves et amis, assistait à ces petits drames de la charité, leçon vivante, où plus d'un jeune homme apprit les égards dus au dévouement et les charmes de l'aumône.

Des ateliers de Corot, les âmes éprises d'idéal et de pureté pouvaient impunément se rendre chez un de ses intimes, *François Millet* :

« Souviens-toi, mon François, lui avait dit sa vénérable aïeule, à l'heure de ses adieux à la Normandie, souviens-toi que tu es chrétien avant d'être peintre, et ne mets pas un si bel état au service des ennemis de la religion, en sacrifiant aux impudicités. Il y a eu, dit-on, de grands saints qui ont fait de beaux ouvrages en peinture : suis leur exemple. »

Ces mots, tombés de lèvres aimées, inspirèrent à Millet, jusqu'à sa mort, le dégoût de ce qui blesse la pudeur. Il devint le peintre du paysan, non du paysan vulgaire, mais de celui auquel la foi donne de la grandeur et qui se découvre dans les champs au son de l'*Angelus*, de celui dont la vue faisait dire à Théophile Gautier : « Pourquoi les paysans n'auraient-ils pas du style comme les héros? »

Encore deux noms d'artistes de génie, influents et apôtres : *Bastien Lepage*, auteur de « Jeanne d'Arc écoutant les voix, » toujours fidèle à sa devise : « Je suis peintre pour moraliser et non pour corrompre, » et *Meis-*

sonier, le chantre de nos gloires militaires, formé au respect par Chenavard, son maître et son guide.

A qui voulait l'entendre, il répétait : « J'ai charge d'âmes. »

Sur un vieux guéridon, souvenir de sa mère, il avait gravé ces paroles : « Veillez et priez, car vous ne savez à quel moment viendra le Seigneur. »

Sa maxime : « J'ai charge d'âmes », n'était-elle pas inspirée par l'Évangile, objet habituel de ses pensées (1) ?

LES MUSICIENS

Comment ne pas rendre hommage à quelques-uns d'entre eux, dans cette causerie sur l'influence et sur l'apostolat des artistes ?

Donner une aide sensible à la prière, soutenir le courage, faire entrevoir les délices promises dans l'autre monde aux serviteurs fidèles, élever par là même les âmes et, pour les rendre meilleures, les rapprocher de Dieu, tel est le

(1) Grâce au baron Béthune, il existe aujourd'hui, à Lille et en Belgique, de remarquables écoles catholiques de Beaux-Arts où les élèves, loin d'avoir à craindre quelque danger pour leur foi et leur vertu, puisent le dévouement à l'Église et le plus pur esprit chrétien. (Voir l'appendice.)

but de la musique, surtout de la musique religieuse.

Heureux les compositeurs qui conçoivent la noblesse de leur rôle et veulent le jouer dignement ! A eux notre admiration, en la personne de *Mozart*, d'*Haydn* et de *Gounod*.

Mozart très jeune, se révéla génie incomparable.

Bientôt, demandé de toutes parts, il fallut le promener à travers l'Europe. En Italie, chaque ville se l'arrachait, pour ainsi dire. L'enfant, toujours modeste, malgré de perpétuelles ovations, suivait son père, semant sur sa route les fugues, les symphonies, ébauchant les opéras, salué de sonnets, saluant de sonates, également satisfait du soleil, des oreilles et des voix, se sentant grandir de jour en jour.

Vues mercantiles et intéressées du père, pensera-t-on !

Loin de là. Musicien lui-même, doué de savoir-faire et de goût, de plus, homme d'une foi vive, Léopold Mozart regardait comme un devoir de manifester au monde le prodige musical confié à ses soins par le Ciel. Glorifier Dieu dans ses dons, lui rendre grâces, tel était bien le mobile des voyages du père et de l'enfant.

Ces vues chrétiennes ne cessèrent pas avec

les années. Elles se perfectionnèrent plutôt, comme en témoigne ce passage d'une lettre de Mozart à son père mourant : « Puisque la mort, à la bien prendre, est le vrai but de la vie, je me suis depuis quelques années tellement familiarisé avec ce véritable ami de l'homme, que son image, loin d'être effrayante pour moi, n'a rien que de doux et de consolant. Je remercie mon Dieu de m'avoir accordé la grâce de reconnaître la mort comme la clé de notre véritable béatitude ! Je ne me mets jamais au lit sans penser que, tout jeune que je suis, je puis ne pas me relever le lendemain ; et cependant, aucun de ceux qui me connaissent ne pourra dire que, dans l'habitude de la vie, je sois morose ou triste ; je rends grâce tous les jours à mon Créateur de ce bonheur et je le souhaite à tous les hommes, mes frères. »

Tel fut Mozart ! Au baptême catholique il avait reçu le nom de Chrysostome. Il l'a gardé... il est la bouche d'or d'où tant de belles mélodies ont pris leur vol, douces comme la plainte, sereines comme la prière, pleines de désir comme l'âme d'un exilé.

Chez *Haydn*, même soif ardente de faire connaître et aimer Dieu.

En tête de ses partitions, gardées comme un trésor dans la famille des princes Esterhazy, vous pourriez lire ces mots : *In nomine Domini*, « au nom du Seigneur », ou ceux-ci : *Soli Deo gloria*, « à Dieu seul la gloire », et à la fin de toutes : *Laus Deo*, « louange à Dieu. »

Aussi bien, sa méthode de travail est-elle autre chose que l'écho de ces nobles pensées ? « Lorsqu'au milieu de la composition, raconte son biographe, Haydn sentait son imagination se refroidir ou qu'une difficulté insurmontable l'arrêtait, il avait recours au moyen que lui suggérait sa foi catholique. Il se levait du piano, prenait son rosaire et, à l'exemple de Glück, le récitait avec ferveur. Ce moyen lui réussit toujours.

« Quand je travaillais à l'oratorio de la *Création*, disait-il à un ami, je me sentais si pénétré de religion, qu'avant de me mettre au piano, je priais Dieu avec confiance de me donner le talent nécessaire pour le louer dignement.

Tel fut Haydn, le père de la symphonie.

Quant à *Gounod*, quelques lignes écrites de sa main révèlent les sentiments de son cœur : « Nous n'emporterons d'ici-bas et nous ne retrouverons de nous là-haut que ce que nous en aurons donné. Si nous ceignons des diadèmes de rubis, ils seront faits des gouttes de notre sang que nous aurons versé ; les perles de nos colliers seront les larmes que nous aurons répandues, les espérances que nous aurons données ou rendues aux pauvres âmes humaines (1). »

Combien, en réalité, de ces pauvres âmes ont repris espoir et courage, ranimées par une mélodie ou un air de Gounod, celui, par exemple, qui accompagne le cantique de la Communion :

> Le ciel a visité la terre,
> Mon bien-aimé repose en moi ;
> Du saint amour, c'est le mystère,
> O mon âme, adore et tais-toi !

Puissant sur la foule, le musicien de talent peut l'être plus encore sur les artistes, interprètes de ses morceaux.

Prenez Berlioz, supposez-le chrétien, aimable et plein d'ardeur. Il convoque des exécutants pour sa célèbre *Messe des Morts* dans l'Église Saint-Eustache, à Paris ; ils arrivent en foule, près de cinq cents sont à l'orchestre ; le maître les captive, les tient pour ainsi dire au bout de sa baguette, les manie à sa guise ; un mot, un regard, un sourire et il les enthousiasmera pour les nobles idées et pour la cause de Dieu.

Malheureusement, Berlioz est dur et hau-

(1) Voir l'Appendice 4.

tain. Son influence est stérile. Stérile aussi celle de Wagner, d'Auber, d'Adam et de bien d'autres, hommes sans foi et d'un égoïsme ridicule.

Aux jeunes artistes, dont l'étoile brillera bientôt, de choisir sagement leurs modèles. Vous, qui avez le bonheur d'être chrétiens, suivez les âmes qui planent sur les hauteurs ; comme elles, prenez des habitudes de prière ; comme elles, armez-vous de courage, car, ne vous le dissimulez pas, votre vie, à certaines heures, sera un véritable martyre.

Incompris et dédaignés, vous souffrirez de l'oubli et de l'ingratitude des hommes. Applaudis et recherchés, la jalousie des médiocres vous fera la guerre.

Ce n'est pas d'aujourd'hui que datent ces rivalités et ces vengeances. Sous Louis XVI, les partisans de Piccini, par ironie, ne logèrent-ils pas Glück, rue du Grand-Hurleur, et les glückistes, Piccini, rue des Petits-Chants ?

Berlioz a ravivé ces boutades vilaines et mesquines... Il supportait avec peine ses émules. Un jour, il entend trois cantiques de Rossini : *la Foi*, *l'Espérance*, *la Charité*. Tous les auditeurs ont été ravis. Mais, dès le soir, une feuille en vogue recevait ce jeu de mots sur Rossini, avec prière de l'insérer dans ses colonnes : « Son espérance a déçu la nôtre, sa foi ne transporte pas les montagnes, et quant à la charité qu'il nous a faite, elle ne le ruinera pas. »

Berlioz n'avait pas mis sa signature ; tout le monde la devina.

Mêmes étroitesses, souvent, parmi les peintres :

En plein dîner chez le duc d'Orléans, Ary Scheffer saisit un éloge à l'adresse de Decamps, placé à table en face de lui. La colère lui monte au front ; bientôt, n'y tenant plus, il s'adresse à son émule : « Parions, lui dit-il, que si je fais un tableau dans votre manière, il passera pour un bon Decamps, et que si vous en faites un dans mon genre, les amateurs le prendront pour un mauvais Scheffer. »

Seuls, les hommes de foi et de cœur s'élèvent au-dessus de ces puérilités. Ingres était de ceux-là, il ne pouvait entendre une critique contre Watteau ou Delacroix, dont les admirateurs étaient loin de l'épargner.

* * *

Une dernière pensée pour clore cette causerie et encourager les efforts vers l'idéal. L'art aura sa sanction, au lendemain de la mort :

que doivent attendre de Dieu les hommes sur lesquels a passé le souffle de l'inspiration et du génie ?

Léon Gautier va encore nous répondre :

« A chacune des âmes que vos œuvres sauveront, non seulement durant votre vie, mais après votre mort, artistes chrétiens, votre béatitude augmentera dans le Ciel. — Telle est la sanction de l'art.

« Réjouissez-vous donc, réjouissez-vous, car votre récompense est grande ! Et quand, soudain, vous éprouverez là-haut quelque accroissement de bonheur, quand Dieu vous laissera lire de plus près dans son essence : « Ah ! je sens, direz-vous, qu'une de mes œuvres vient de sauver une âme sur la terre. » Et vous direz vrai.

« Mais, malheur à vous, écrivains et artistes, qui n'avez voulu vous inspirer ici-bas que de l'enfer !

« L'enfer restera votre seule inspiration durant l'éternité.

« A chacune des âmes qui sera perdue ici-bas par vos détestables ouvrages, par la vue de vos toiles impures ou de vos marbres lubriques, par l'audition de vos lascives harmonies, par la lecture de vos livres ignobles ; à chacune de ces chutes, si vous n'avez fait pénitence sur la terre, votre supplice recevra une aggravation formidable jusqu'au jour du suprême Jugement. Et alors seulement vous aurez la totalité terrible de vos tortures. Encore une fois, voilà la sanction de l'art.

« Ah! si saint Augustin, si Fra Angelico, si Palestrina pouvaient descendre du ciel; s'ils pouvaient nous exprimer ici l'inexprimable récompense de ceux qui consacrent à Dieu et à son Église leurs plumes, leurs pinceaux, leurs concerts; si chacun d'eux nous disait de sa douce voix : « Non, vous ne sauriez imaginer, à chaque âme que je sauve, le surcroît de béatitude qui me pénètre et qui m'enivre. »

« Et si Voltaire pouvait sortir un instant de son supplice et nous crier :

« A chaque âme que je perds vous ne sauriez imaginer le surcroît de douleur qui me pénètre et qui me brûle. »

« Si nous pouvions entendre ces voix aujourd'hui, demain l'art serait transformé, l'art serait chrétien, l'art serait l'expression du Beau au service du Vrai. »

Mais :

Si le temps doit venir où d'orgueil enivrés,
Les arts ne boiront plus à la source éternelle,
S'ils rejettent le Christ, ah ! ce jour-là, pleurez :
Le brûlant séraphin a replié son aile ;

Le ciel se tait, l'homme s'endort,
Le soleil rentre dans la nue,
Le flambeau s'éteint, l'Art est mort,
La nuit sur le monde est venue (1).

(1) J.-B. Fougeray. *Fra Angelico.*

IX

LA MÉDECINE

IX

LA MÉDECINE

Le succès, la fortune, les honneurs, si tel est l'unique but d'un médecin, il tarit en lui-même une source féconde d'influence et d'apostolat.

En vain le verrez-vous triompher des maladies les plus tenaces, en vain la justesse de son diagnostic lui vaudra-t-elle la renommée, l'esprit chrétien lui manque : il ne s'élèvera pas à la hauteur de sa mission.

A l'appui de ces prévisions, rien de plus significatif que cet épisode de la vie de Dupuytren, le plus habile chirurgien peut-être du siècle dernier.

Dans un de ses voyages en Angleterre, Cooper, le premier médecin de Londres, lui fit une réception de roi.

La fortune de Cooper s'élevait à douze millions. Dupuytren le sut et à partir de ce moment, on l'entendit bien des fois murmurer avec tristesse : « Douze millions! Douze millions! Une fortune trois fois plus grande que la mienne! »

Il fut longtemps troublé par ce souvenir.

Dupuytren était un homme d'argent, aussi, malgré ses opérations merveilleuses, son talent, sa réputation et ses richesses, il ne fut pas aimé et il fit peu de bien.

Il le reconnut vers la fin de sa vie : « Je me suis trompé! » répétait-il souvent avec amertume, aux quelques admirateurs de sa science qui, par pitié, venaient encore distraire sa solitude.

Heureux ceux qui voient juste dès leur entrée dans la carrière!

J'ai le bonheur de connaître un certain nombre d'étudiants en médecine qui appartiennent à cette catégorie des chrétiens clairvoyants. Ils apprécient à sa valeur le but de toute existence d'homme : la gloire de Dieu et le service des âmes; quel bel avenir Dieu leur promet!

Souvent même les bénédictions temporelles ne leur manqueront pas.

La clientèle vient tôt ou tard au médecin aimable, instruit et chrétien.

Il ne poursuit pas la fortune. Il ne cherche que le bien de ses clients ; mais leur estime, leur gratitude et leur confiance lui sont acquises par surcroît.

Sûr d'être suivi, il donnera fructueusement l'exemple de vertus, gloire de ses devanciers et gage des futurs succès de son zèle : l'amour des pauvres et la piété.

*
* *

I. *L'amour des pauvres* est le premier secret de l'influence du médecin.

Le pauvre ! Oh ! sans doute, on peut s'occuper de lui sans l'aimer.

Que de médecins se prodiguent à la misère uniquement par intérêt et par calcul ?

Le pauvre, n'est-il pas électeur aussi bien que le riche ? Mais ce dernier, trop souvent, après avoir réglé ses honoraires, se croit quitte envers son bienfaiteur.

Le pauvre, lui, aime à traduire sa gratitude par son vote, quand le médecin qui l'a soigné brigue une candidature.

Veut-il être conseiller d'arrondissement, conseiller général ou même député ? qu'il se présente avec confiance, il a le pauvre pour lui.

N'est-ce pas l'histoire de plus d'un médecin, pris d'ambition et de rêves de grandeur?

Mais d'ordinaire, ceux qui aiment leur profession se soustraient aux charges politiques, incompatibles avec leurs devoirs. Alors, s'ils vont aux pauvres, c'est par esprit de foi ou en suivant la pente d'un cœur bon et généreux.

Qui aima jamais plus les pauvres que Récamier ?

Toute l'aristocratie du faubourg Saint-Germain se disputait la visite de l'illustre docteur.

Que de fois il eut à traverser les salons de ces hôtels somptueux ornés des chefs-d'œuvre de l'art ! Que de fois il se pencha vers des malades entourés de luxe, de linges finement brodés, de tapis moelleux, de rideaux de velours et de soie !

Et cependant, au sortir de ses cours du Collège de France, où il avait enthousiasmé un nombreux auditoire, son premier souci n'était pas pour les hôtes de ces palais, mais pour les indigents. Il leur distribuait une partie de son budget annuel et se mettait à leur service nuit et jour.

Un soir, c'est un fait entre mille, il est mandé à un sixième étage.

Agé déjà, il monte péniblement et arrive enfin près d'une pauvre vieille qui s'excuse de l'avoir fait venir si tard.

Récamier l'ausculte avec beaucoup de douceur et lui prescrit une formule.

La malade alors lui dit timidement : « Est-ce assez de dix francs pour la visite, docteur? »

— Non, madame, répondit-il avec gaieté, je ne grimpe jamais jusqu'aux toits à moins de trois louis!

Puis tirant de sa poche soixante francs en or, il les glisse dans la main de la pauvre femme et, après lui avoir recommandé de mettre sa confiance en Dieu et de Lui offrir ses souffrances, il redescend joyeux.

En ces dernières années, Récamier, avait un imitateur de renom, le docteur Fabre, de Marseille. Lui aussi aima toujours beaucoup les pauvres. Voici un trait qui en dit long à cet égard.

La veille de sa mort une femme du peuple vient frapper à sa porte :

« J'ai besoin de voir monsieur Fabre tout de suite, dit-elle, car mon fils est malade. »

— Impossible, monsieur le docteur est au lit et dans un état très grave.

— Oh! je vous en prie, insiste cette femme, dites-lui que nous sommes pauvres, et il viendra quand même, j'en suis sûre! »

Quel magnifique hommage rendu à la charité de cet homme de bien!

Comme Récamier, le docteur Fabre avait souvent aux lèvres le nom de Notre-Seigneur Jésus-Christ. Avec une délicatesse extrême il faisait allusion à sa bonté et aux mérites dont Il enrichit la souffrance, acceptée généreusement, par amour. — On l'écoutait, on lui obéissait. La résistance est-elle possible en face d'un chrétien qui unit en sa personne la science à la bonté du cœur?

Mais il faut le rappeler ici, l'exercice de la charité, précieux pour le malade pauvre, attire parfois sur le médecin lui-même la grâce de Dieu.

Dupuytren, cet homme d'argent, dont je parlais au début de cette causerie, dut à un acte de compassion de retrouver la foi et de bien mourir.

Le Père Lacordaire a raconté cette histoire tout au long, elle mérite d'être connue :

Un jour que Dupuytren avait dépassé le terme ordinaire de ses consultations, épuisé de fatigue, il allait prendre quelque repos, lorsqu'un dernier visiteur, en retard, se présenta à la porte de son cabinet. C'était un vieillard de petite taille, dont il eût été difficile de deviner l'âge. Il avait une de ces physionomies heureuses sur lesquelles le regard s'arrête avec satisfaction. Il tenait à la main une canne à corbin, son costume et sa large tonsure montraient que c'était un prêtre.

Le regard de Dupuytren se leva sur lui morne et glacé.

« Qu'avez-vous ? lui dit-il durement.

— Monsieur le docteur, répondit le prêtre avec douceur, je vous demande la permission de m'asseoir, mes jambes sont déjà un peu vieilles. L'officier de santé de mon village, car je suis curé d'une paroisse auprès de Nemours, m'a dit d'abord que ce n'était pas grand'chose, mais le mal a augmenté, et, au bout de cinq mois, il s'est formé un abcès ; j'ai gardé le lit longtemps sans éprouver d'amélioration. Et puis, j'étais forcé de me lever pour remplir mes fonctions, car je suis seul pour desservir quatre paroisses.

— Montrez-moi votre mal. »

Le vieillard obéit et continua : « Ces braves gens m'ont bien offert de se réunir tous les dimanches dans la même église pour entendre la sainte messe ; mais je me suis dit : Il n'est pas juste que tout le monde se dérange pour toi.

« Et puis, vous savez, il y a les premières Communions, les instructions à donner aux enfants. Monseigneur voulait attendre pour me donner un confrère qui m'aidât.

« Alors, tous mes paroissiens m'ont pressé de venir à Paris pour vous consulter.

« J'ai été quelque temps à me décider, car un pareil voyage coûte beaucoup d'argent, et j'ai tant de pauvres dans ma paroisse! Mais il a fallu céder à leurs instances et me mettre en route. Voilà mon mal, monsieur le docteur, poursuivit-il en montrant son cou. »

Dupuytren l'examina longtemps. La plaie était si effrayante qu'il s'étonna que le malade pût encore se tenir debout. Il écarta largement les lèvres de l'abcès, en scrutant les environs avec une pression douloureuse à faire évanouir le malade, mais celui ne tressaillit même pas.

Quand l'examen fut terminé, Dupuytren leva la tête du patient, qu'il tenait entre ses mains, et, le regardant fixement, lui dit, d'un ton qui ne permettait plus d'espoir :

« Je dois vous avouer, Monsieur, qu'il n'y a point de remède à un tel mal. Avec cela il faut mourir. »

L'abbé prit ses linges et s'enveloppa le cou sans dire un mot; Dupuytren avait toujours les yeux fixés sur lui.

Quand le pansement fut terminé, le prêtre retira de sa poche une pièce de cinq francs enveloppée dans un morceau de papier et la posa sur la cheminée.

« Monsieur le docteur, dit-il, je ne suis pas riche et j'ai bien des pauvres dans ma paroisse. Pardonnez-moi si je ne puis pas payer plus cher une consultation du docteur Dupuytren. »

Puis il ajouta, avec un sourire d'une ineffable douceur :

« Je suis heureux d'être venu vous trouver, au moins j'ai la certitude du sort qui m'attend. Peut-être auriez-vous pu m'annoncer cette nouvelle avec un peu plus de précaution. Mais je ne vous en veux pas ; vous ne m'avez pas surpris, j'étais préparé depuis longtemps... Adieu, monsieur le docteur, je retourne à mon presbytère pour y attendre la mort. »

Et il sortit.

Dupuytren resta pensif. Cette nature de fer, ce génie puissant étaient venus se briser contre quelques simples paroles d'un pauvre vieillard qu'il avait tenu malade et faible entre ses mains et dont la vie n'avait pour lui aucun prix ; dans ce corps frêle et souffreteux, il avait rencontré un cœur et une volonté qui était encore plus ferme que la sienne ; il s'était aperçu qu'il avait trouvé son maître dans ce prêtre.

Dupuytren s'élança tout à coup vers l'escalier. Le prêtre descendait lentement les marches en s'appuyant à la rampe.

« Monsieur l'abbé, lui cria-t-il, voulez-vous bien remonter ? »

L'abbé remonte.

« Il y a peut-être un moyen de vous sauver, si vous voulez que je vous opère ?

— Mon Dieu ! monsieur le docteur, répondit le prêtre, pendant qu'il déposait sa canne et son chapeau, je ne suis venu à Paris que pour cela, coupez, taillez, je vous en prie, comme vous voudrez.

— Mais peut-être ferons-nous une tentative inutile, ce sera long et douloureux.

— Opérez toujours, monsieur le docteur, coupez tant qu'il le faudra, j'endurerai tous les tourments ! Mes pauvres paroissiens seraient si heureux !

— Eh bien ! Vous allez vous rendre à l'Hôtel-Dieu, salle Sainte-Agnès. Vous serez là parfaitement et les bonnes Sœurs vous prodigueront les soins les plus attentifs. Vous vous reposerez bien ce soir et demain, et après-demain, de bonne heure, nous commencerons l'opération.

— C'est entendu, dit le prêtre ; monsieur le docteur, je vous remercie.

Dupuytren écrivit à la hâte quelques mots et remit le papier au vieillard.

Celui-ci se rendit sur-le-champ à l'hospice,

où des Sœurs s'empressèrent de l'installer le plus commodément possible.

Le troisième jour, les cinq à six cents élèves qui suivaient les leçons du maître étaient à peine assemblés que Dupuytren arriva. Il se dirigea vers le lit du prêtre, suivi de cet important cortège, et l'opération commença.

Elle dura vingt-cinq minutes et détermina une perte de sang considérable. Mais le prêtre soutint ces cruelles épreuves avec une héroïque patience ; il ne fronça pas le sourcil. Seulement, quand les poitrines qui l'entouraient se dégagèrent toutes ensemble, haletantes d'attention et de crainte, Dupuytren dit avec joie, au patient : « Je crois que tout ira bien maintenant. Vous avez bien souffert, n'est-ce pas ?

— Un peu, répondit simplement l'héroïque malade, mais j'ai cherché à penser à autre chose ; maintenant, je me trouve bien mieux. »

Dupuytren l'examina longuement avec une profonde attention, jusqu'au moment où le malade s'assoupit ; puis il tira les rideaux blancs du lit et s'en alla pensif au milieu de ses élèves.

A partir de ce jour, lorsque Dupuytren arrivait, par une étrange infraction à ses habitudes, il passait devant les autres malades et courait au lit du prêtre. Plus tard, lorsque celui-ci commença à se lever et à pouvoir marcher un peu, il allait à lui, prenait son bras, et, harmonisant son pas à celui du convalescent, faisait avec lui le tour de la salle. Pour qui connaissait l'insouciante dureté du médecin ce changement de conduite était inexplicable.

Lorsque l'abbé fut rétabli et en état de supporter le voyage, il prit congé des Sœurs et du docteur, et retourna vers ses chers paroissiens.

Longtemps après, Dupuytren en rentrant à l'Hôtel-Dieu, vit s'avancer vers lui l'abbé, qui attendait dans la salle Sainte-Agnès. Il portait toujours son costume noir, mais il était, cette fois, couvert de poussière : on eût dit qu'il venait de faire un long voyage à pied. Il avait au bras un grand panier d'osier, soigneusement attaché avec des ficelles, et d'où s'échappaient des brins de paille. Dupuytren lui fit le meilleur accueil et lui demanda si l'opération n'avait aucune suite fâcheuse, et pourquoi il était venu à Paris.

« Monsieur le docteur, répondit le prêtre, c'est aujourd'hui l'anniversaire du jour où vous m'avez opéré; et je n'ai pas voulu le laisser passer sans venir vous voir et vous apporter un faible témoignage de ma reconnaissance. J'ai dans mon panier deux beaux poulets de mon poulailler et des poires de mon jardin comme vous n'en mangez guère à Paris ; il faut que vous me promettiez, mais là, bien sûr, de goûter un peu à tout cela. »

Dupuytren lui sera affectueusement la main et l'engagea à venir dîner avec lui ; mais le prêtre n'accepta pas ; ses moments étaient comptés, et il lui fallait retourner aussitôt dans sa paroisse.

Pendant deux années encore, le bon vieillard revint à la même place avec son panier et ses poires ; le docteur recevait toujours ses visites avec une émotion croissante.

Ils se revirent bientôt une dernière fois.

Dupuytren allait mourir. — Alors, appelant le médecin qui le veillait, il lui dicta la lettre suivante :

« *A Monsieur le curé de la paroisse de X... près Nemours.*

(Seine-et-Marne.)

» Mon cher abbé,

» Le docteur a besoin de vous à son tour, venez vite, peut-être arriverez-vous trop tard.

» Votre ami,

» DUPUYTREN. »

Le prêtre accourt aussitôt.

Arrivé auprès du malade, le bon curé, comme accablé sous la réputation de cet homme célèbre, demeurait embarrassé. Le docteur s'en aperçut et lui dit simplement :

« Ne craignez pas, monsieur l'abbé, agissez avec moi comme avec un enfant qui en est aux premiers éléments de la religion ; je ne la connais plus, je l'ai presque totalement oubliée. Tout entier à mon art et au monde, aux applaudissements que j'en recevais, je l'ai complètement perdue de vue. Veuillez bien, comme si vous faisiez le catéchisme à un enfant, me rappeler ce que je n'aurais pas dû oublier. »

Le prêtre resta longtemps enfermé avec Dupuytren. Quand il sortit de la chambre du mourant, ses yeux étaient humides et une profonde émotion se lisait sur son visage. Le grand docteur s'était confessé à son humble ami et avait demandé les derniers sacrements.

Interrogé s'il croyait à la présence de Dieu dans l'Eucharistie :

« Oui, dit-il, de ce ton de conviction et de dignité qui tenait de la solennité du serment. Oui, je crois que c'est réellement mon Dieu que je vais recevoir. »

Au bout de quelques heures, en paix avec

Dieu, la tête appuyée sur la poitrine du prêtre, Dupuytren rendait le dernier soupir.

*
* *

Mais de quelle efficacité pour l'apostolat serait l'amour des pauvres, s'il ne découlait d'un principe surnaturel ? Aussi la *piété* qui montre Dieu comme le meilleur des pères et incline à l'aimer dans ceux qu'Il aime, est nécessaire au médecin catholique pour donner à son action une force d'origine plus haute que celle des autres influences.

La médecine, au dix-neuvième siècle, peut être fière d'avoir vu ce don divin rayonner au front de ses plus illustres représentants, mais aucun, me semble-t-il, ne le posséda mieux que Laënnec, médecin de Charles X, et longtemps professeur au Collège de France. Comme témoignage, une anecdote.

Il était alors dans toute sa gloire.

Sa découverte de l'auscultation médiate, grâce à laquelle la science peut connaître avec certitude, pendant la vie, les altérations internes les plus profondes, avait porté sa renommée dans toute l'Europe. Epuisé par le travail, il se rendait en Bretagne pour s'y reposer en respirant l'air pur des landes et le parfum des genêts et des bruyères. Or, près de Nantes, sa chaise de poste fut précipitée dans un fossé et il se trouva enfoui sous la masse des bagages et du véhicule. Retiré sans blessure de dessous les débris, il se remit en route et tranquillement dit à sa femme : « Continuons, ma chère amie, nous en étions à *ora pro nobis peccatoribus.* »

Le célèbre médecin récitait son chapelet.

Cette piété tendre était forte aussi. Jamais elle ne capitula lorsque le devoir et la conscience avaient parlé. Une preuve entre beaucoup d'autres :

Jeune étudiant, Laënnec avait été plus d'une fois admis dans l'intimité de Corvisart, médecin de Napoléon Ier. Corvisart, malheureusement, n'était pas chrétien et, pour lui, les lois de l'abstinence étaient lettre morte.

Mais Laënnec ne crut jamais devoir capituler devant les erreurs de son chef. Le bon plaisir de Dieu, telle était son unique règle, et plein de mépris pour le qu'en dira-t-on, à la table du maître, il faisait maigre très simplement.

Vous étonnerez-vous alors qu'un homme d'une si tendre piété et d'une foi si vive ait compris la valeur des âmes et mis tout en œuvre pour les sauver !

La Providence, du reste, lui offrait comme à

plaisir des occasions d'apostolat, mais aucune ne semble plus touchante que celle-ci :

A la suite des guerres du premier empire, les hôpitaux de Paris se trouvèrent envahis par des soldats bretons. Aucun d'eux ne parlait notre langue et dans leur isolement, presque tous, attaqués du mal du pays, mouraient découragés.

Laënnec se rend compte de cette situation douloureuse ; il cherche des prêtres sachant la langue bretonne, et n'en trouve pas un seul dans Paris.

Que faire ? Une inspiration subite traverse l'esprit du pieux docteur ; ravivant ses souvenirs d'enfance, il compose lui-même, en breton, une admirable formule pour exciter à l'espérance et au repentir ; cette formule il la fait apprendre par un prêtre et, grâce à cette industrie, les soldats reçoivent avec consolation les derniers sacrements et font une bonne mort.

A l'exemple de Laënnec, que de médecins deviennent des sauveurs d'âmes !

Dans beaucoup de familles, le préjugé ou une crainte ridicule tient parfois le prêtre à distance. Difficile à lui de parvenir au chevet du malade. Son rôle de consolateur et d'ami est méconnu ; le monde se rend si peu compte de l'heureux effet du bon état de l'âme sur le corps !

Le médecin, homme de foi, le sait, lui, et alors, usant de son autorité, il se fait l'introducteur du prêtre.

De plus, dans combien de circonstances ne peut-il pas remettre lui-même ses clients sur le droit chemin, par des paroles senties sur les conséquences du vice ?

« Mon ami, disait à un jeune homme un de ces médecins modèles, mon ami, si vous n'obéissez pas à la loi de Dieu, dans quelques mois, je vous en donne ma parole d'honneur, vous serez au cimetière. »

Le conseil fut suivi et bientôt la santé revint avec la vertu.

Appelés à la noble carrière de la médecine, tels sont les services que l'on attendra de vous.

Mais d'ici là, que de luttes vous aurez à soutenir pour vous préserver des tendances matérialistes de l'enseignement contemporain !

Peut-on compter sur ces docteurs qui, selon le mot du P. Gratry, croient connaître l'homme et ne connaissent que l'animal ?

« Un médecin, disait l'abbé Peyreire, étudie un malade pendant cinq ans, pendant dix ans, le connaîtra-t-il enfin ? Oui, s'il a la foi ; non s'il ne croit pas à l'âme. Le malade alors est comme une harpe qu'on livrerait, pour être réparée, à un menuisier. — Il saura bien toucher au corps de la harpe et, à la rigueur, remettre à neuf les pièces de fer et de bois ; mais les cordes, mais l'accord, mais l'âme ? — Pauvre menuisier ! pauvre harpe ! »

A de telles mains, ne vous livrez pas, car, je le répète, c'est un animal que ce médecin connaît et soigne, ce n'est pas un homme, et vous pourriez lui jeter à la face, ce mot sanglant de Dupuytren à un de ses collègues, matérialiste par pose et par sottise : « Vous n'êtes pas un médecin, Monsieur, vous n'êtes qu'un vétérinaire (1). »

(1) Très honorable mais plus modeste, la profession de vétérinaire, comme celle de pharmacien, pourrait être aux mains d'un catholique un puissant moyen d'influence, surtout dans les campagnes.

X

L'ARMÉE

X

L'ARMÉE

« Au cours des grandes manœuvres de septembre 1895, racontait naguère un de nos orateurs, une division d'infanterie traversait le village de Domrémy, lorsqu'un officier à cheval, quittant la tête de ses hommes, vint se placer droit sur l'étrier, devant la maison où naquit la Pucelle, et, la montrant d'un beau geste de son épée, il criait d'une voix vibrante : « La tête à droite ! Voici la maison de Jeanne d'Arc (1). »

« A ce nom, un grand frisson parcourut les rangs, un éclair brilla dans tous les yeux, toutes les tailles se redressèrent, tous les

(1) P. Coubé, *Panégyrique de Jeanne d'Arc.*

cœurs battirent la charge, et les bataillons défilèrent superbes, la tête à droite. »

En ce moment, ce n'est pas vers Jeanne d'Arc que je vous propose de tourner les yeux, mais vers l'armée, dont elle fut l'héroïne et dont elle sera toujours une des plus pures gloires. Cette armée vous verra tous un jour sous son drapeau, à l'ombre de ses plis vous servirez la Patrie.

Beaucoup, après avoir payé la dette du dévouement, iront ensuite reprendre place parmi ceux que l'armée protège.

D'autres, épris de la noblesse du métier des armes, en feront l'objet de leur choix et se donneront à lui.

Eh bien! vous, futurs officiers, influents dans votre milieu par votre situation même, qu'accomplirez-vous pour Dieu et pour les âmes? Que ferez-vous de votre vie?

La réponse à cette question ne sera pas un dithyrambe.

Mon but n'est nullement d'exciter en vous le frisson ou de faire étinceler l'enthousiasme dans votre regard.

Il y aurait, je l'avoue, à provoquer de tels effets, un charme profond à l'heure où notre armée se voit l'objet de la haine et de l'insulte des sans-patrie.

Mais toute parole, fût-elle brûlante, ne s'évanouit-elle pas avec le souffle qui l'a portée à l'oreille et au cœur, et le meilleur service vous rendre n'est-ce pas de vous exposer simplement, non par des théories mais par des faits, ce que peut et ce que doit être le rôle apostolique de l'officier chrétien ?

Il est deux sortes de devoirs d'où découle l'influence d'un homme ; les uns de l'ordre intime, les autres de l'ordre extérieur.

Les premiers concernent la dignité de la vie ; le rapports avec le prochain sont du domaine des seconds.

Comment l'officier pourrait-il se soustraire à ce double devoir et prétendre encore à une action sérieuse pour le bien ?

*
* *

I. *Il lui faut donc d'abord être parfait dans sa conduite privée.*

Naïf, il l'est au premier chef celui qui s'imagine pouvoir s'entourer d'un impénétrable mystère.

« Nos hommes nous percent à jour, me disait en toute franchise un chef d'escadrons de cuirassiers ; ils savent par le menu l'intime de notre vie ; ils en causent, c'est même un de leurs sujets favoris.

« Les ordonnances ont beau être discrets, impossible de ne pas leur arracher quelques confidences sur lesquelles on nous juge.

« Si du moins ce jugement était toujours à notre honneur ! »

L'exemple est contagieux. Aussi quoi d'étonnant que plus d'un simple soldat ait trahi sa conscience et Dieu, enhardi à la forfaiture par le scandale de ses chefs ?

Par contre, quelle encourageante leçon l'officier chrétien et apôtre ne donne-t-il pas à ses subordonnés ?

Que d'autres perdent leur temps au café, au théâtre, dans les bals, dans les *rallies-papers* à travers les bois, dans la vie étourdissante du monde, lui, personne ne l'ignore, s'entoure d'une société sérieuse, lui travaille, visite les pauvres, s'agenouille souvent à la Table-Sainte et se fait gloire de compter des religieux et des prêtres au nombre de ses amis.

Fortifiant spectacle offert au soldat timide ou peureux qui cherche pour s'orienter d'où souffle le vent.

Mais à cet officier, donner le bon exemple ne suffit pas.

Il se sert alors d'une arme mise par Dieu aux

mains du chrétien avide de gagner les batailles de l'apostolat : cette arme, c'est la prière pour autrui. L'officier dont je parle la manie avec autant d'adresse que son sabre ou son épée.

Les anges l'admirent dans ces joûtes mystérieuses ; les hommes, eux, n'en auraient aucun soupçon, si des paroles recueillies à la dérobée ne soulevaient parfois le voile qui nous cache le secret d'influences irrésistibles.

Ecoutez cet aveu d'un jeune et brillant officier de cavalerie, objet de l'affection et du respect de tout son régiment.

« Lorsque je rentre chez moi, le soir, après de longs exercices sur le champ de manœuvre ou certaines marches en campagne, souvent je n'en puis plus.

« Mais j'ai découvert un moyen merveilleux de réparer mes forces et d'oublier la fatigue. Je m'agenouille au pied de mon lit, je prends mon chapelet et je le récite pour les sous-officiers et pour les cavaliers de mon escadron. Cette prière me remplit l'âme de telles consolations que je ne saurais les décrire. »

Un pareil langage ne dénote-t-il pas une grande ferveur, mais aussi la conviction que l'exemple de la vie fécondée par la prière pour ses soldats est le premier devoir de l'officier, épris du désir de glorifier Dieu ?

*
* *

II. *Il en est un second où la flamme de son zèle trouve un aliment : ce sont mille industries dont l'esprit, le cœur et la conscience du soldat bénéficient tour à tour.*

Vous qui aspirez à l'épaulette et aux galons d'argent et d'or, suivez l'officier chrétien dans l'exercice de son apostolat.

C'est un portrait que je vous offre, un portrait dont chaque coup de pinceau est un souvenir.

Rien par conséquent ne relève ici de l'imagination ou de la fantaisie : ce sont des faits.

Le lieutenant de B... est un cavalier superbe, à l'allure des plus martiales. Toujours digne, toujours maître de lui-même, il tranche sur bon nombre de ses camarades, ivres de liberté, uniquement soucieux de plaire et de jouir.

Sur ses lèvres, jamais vous ne surprendriez une parole de mauvais aloi.

Il a horreur de celles qu'il lui faut entendre et qu'il relève d'ordinaire avec infiniment d'esprit. Energique à défendre ses principes, il garde son calme et ne froisse jamais. Aussi n'est-il personne qui ne l'admire et en même temps ne soit à l'aise près de lui.

Obligé de prendre ses repas au *mess*, du moins met-il rarement les pieds au cercle où il craint de voir s'évaporer, son amour du travail et de la vie sérieuse.

Il habite avec un de ses camarades, le lieutenant R... de goûts élevés comme les siens. Ce sont, à vrai dire, deux frères qui gravissent ensemble le sentier parfois rude de la vertu ; ils se soutiennent et s'encouragent.

Ils prient dans leurs appartements respectifs, mais ils vont à l'église et communient l'un près de l'autre, très souvent.

Tous deux brûlent de faire le bien : Voyons la méthode du Lieutenant de B... Je le suppose au quartier.

C'est l'heure du pansage. Tous les hommes sont là, devant les écuries, occupés autour de leurs chevaux. Ce n'est pas petite affaire que ce travail. Etrilles et brosses passent et repassent sur la croupe et l'encolure des bêtes : cela dure longtemps. Les maréchaux de logis surveillent la besogne ; le lieutenant, lui, fait les cent pas. Mais voyez-le s'approcher de temps à autre des sous-officiers de service.

Qui, mieux que lui, sait l'importance de les avoir dans la main pour la bonne tenue militaire et surtout morale d'un peloton et d'un escadron ?

La parole courtoise et distinguée du lieutenant est toujours accueillie comme un honneur. Ce n'est, il est vrai, qu'un mot, une question, un conseil indirect, mais il y a dans la façon de dire un je ne sais quoi qui élève et fait du bien.

La bonne semence est jetée ; elle germera au souffle de la grâce.

Après le pansage, M. de B... traverse la cour du quartier.

Sur son chemin, voici un homme de son peloton. Au salut, il répond aimablement : « Bonjour, un tel ! » Car, inutile de vous dire qu'il connait par son nom chacun de ses cavaliers. Quand les recrues arrivèrent au régiment, il vit tous ces jeunes gens l'un après l'autre, il les mit discrètement en garde contre certains périls de la vie de garnison, il les interrogea sur leur pays, leur famille, leur état.

Pour ne rien oublier il prit même des notes, relues bien des fois depuis.

Les nouveaux venus comprirent alors avec satisfaction qu'ils auraient dans ce jeune officier un protecteur et un ami.

Le lieutenant de B... fait le cours des élèves brigadiers.

Avec joie il a reçu cette charge qui élargit le champ de son apostolat.

Que d'autres se contentent d'offrir aux hommes un enseignement sec et aride, la théorie expliquée froidement, lui veut instruire et intéresser ; aussi, combien est soignée la préparation de ses commentaires : traits historiques, citations, lectures de beaux passages, il s'efforce d'émailler ses leçons de toutes ces fleurs servies avec un entrain et un chic sans pareils. La note chrétienne et surnaturelle y figure d'ordinaire au bénéfice des âmes qui en respirent et en gardent le parfum.

Le lieutenant a la parole facile, presque éloquente.

Voulez-vous savoir où il triomphe ? C'est aux heures de repos des marches en campagne.

Alors, quel charmant spectacle ! spectacle malheureusement trop rare par suite d'un préjugé regrettable.

Beaucoup d'officiers s'imaginent compromettre leur dignité s'ils ne tiennent leurs hommes à distance. Se drapant dans un mutisme d'apparence dédaigneuse, ils croiraient déchoir en causant avec le soldat.

Et cependant, supérieurs à tant de titres et investis d'une autorité incontestée, qu'ont-ils à craindre ?

Le lieutenant de B... ne craint donc rien.

Il est d'un abord facile et vous seriez ravi

de voir avec quelle respectueuse sympathie ses hommes se pressent autour de lui pour l'entendre, car il a toujours quelque chose à raconter.

« Quelle bonne soirée, hier, me disait un brigadier, au lendemain d'une de ces courses d'entraînement, entrecoupées de haltes. Nous étions allés sur un plateau où les Prussiens furent battus en 1870. Le lieutenant nous a décrit la bataille. Si vous aviez vu comme nous étions tout yeux et tout oreilles ! Il parle si bien, le lieutenant, et il a l'air si heureux avec nous ! »

Heureux, il est en l'effet, ce jeune et noble officier. Et sa joie, c'est d'être utile aux âmes, c'est de pouvoir, au moins à certaines heures, les soustraire au courant de préoccupations basses et viles qui séduit et captive la masse.

Un jour même il fit dans ce but un coup d'éclat ; pour tout autre ç'eût peut-être été le signal d'une défaite ; ce fut pour lui une occasion de victoire.

Les cavaliers de son peloton s'étaient mis à chanter des couplets où la religion et la pudeur étaient tournées en ridicule.

Monsieur de B... s'approche : « Mes amis, dit-il, vous oubliez qu'il y a ici des gens qui respectent ce dont vous vous moquez. Chantez, soit, mais n'injuriez les opinions de personne. »

Et aussitôt les chants grivois furent remplacés par des marches joyeuses.

Le lieutenant a dans l'infanterie un ami de son grade.

Souvent ils s'écrivent et comme ils ont les mêmes idées sur le rôle de l'officier chrétien, ils se communiquent les industries de leur zèle.

Or, dernièrement une lettre venue du Camp de X... renfermait ces détails :

« La confiance de nos soldats à mon égard grandit. Dieu m'aide et je puis les manier à ma guise.

« Imaginez à quoi je les occupe en ce moment ?

« Je les fais jouer à saute-mouton ; j'organise des courses et des séances de chant. Les vainqueurs viennent prendre le thé chez moi. Tous sont ravis. »

Mais il est un trait que la modestie de cet ami cache avec soin.

Pendant les manœuvres de septembre, il s'aperçoit, un matin, qu'un homme de sa compagnie marche avec peine ; pâle, les yeux cerclés de noir, le jeune soldat semble vraiment malade. Mais on est en rase campagne, et la voiture d'ambulance a pris une autre direction.

Alors que fait le lieutenant ; il s'approche du soldat, lui offre un verre d'excellente chartreuse dont il a eu soin de remplir sa gourde, prend son sac, se le met allègrement sur les épaules, et disant au malade de suivre de loin, il continue sa marche avec sa compagnie.

Le charitable officier garda son fardeau jusqu'à la fin du jour.

Qu'au point de vue militaire il eût été mieux d'avoir moins de compassion ou de la traduire par un autre expédient, plusieurs le penseront peut-être. Quoiqu'il en soit, ce fut un sentiment universel d'admiration que plus d'un traduisit par cette phrase : « On se ferait mille fois tuer pour cet homme-là. »

Jusqu'ici je ne vous ai parlé que du lieutenant de B...

N'allez pas en conclure que son camarade de logement, monsieur R... du même régiment de cuirassiers, ait moins d'ardeur.

Mais c'est un tout autre genre.

Il parle peu et agit beaucoup.

Allez à l'hôpital militaire entre une heure et trois heures de l'après-midi !

Souvent vous verrez un officier de haute taille et du plus grand air en franchir le seuil : c'est lui.

Il n'entre pas les mains vides, remarquez-le bien. Les soldats sont de grands enfants et les enfants n'aiment-ils pas les friandises !

Le lieutenant R... plein de cœur, condescend à cette faiblesse et il gâte ses malades.

Voyez-le aller de lit en lit, distribuant avec de bons sourires, des friandises, et, ce qui est mieux accueilli de la plupart, d'exquises cigarettes. Aussi, comme ses visites sont désirées !...

Sa foi le guide toujours et lui fait accomplir d'admirables actes de dévouement.

Vous allez en juger.

Il y a quelques mois son ordonnance tomba gravement malade. D'ordinaire, en pareil cas, les soins sont donnés à l'hôpital.

Monsieur R... n'entendit pas ainsi les choses. Il garda son ordonnance chez lui ; bien plus il l'installa dans sa chambre, lui abandonna son lit et le soigna comme une mère soignerait son fils.

Enfin, pour donner l'exemple, et montrer, au moins à l'élite, la route du devoir, les lieutenants de B... et R... vont chaque dimanche à la messe, au cercle militaire des simples soldats ; et là, en leur présence, ils communient, montrant à tous où est la source de la vertu et de la charité chrétienne.

Que d'âmes sont entraînées au bien par leur exemple !

Une réflexion maintenant pour finir cette causerie.

Voulez-vous connaître le secret de l'apostolat dans l'armée?

C'est d'être convaincu que là, comme ailleurs, on peut faire beaucoup de bien.

Ne suffit-il pas d'avoir été mêlé intimement par la force des circonstances à la vie des soldats, aux manœuvres, en colonne, au bivouac, pour savoir de quelle sollicitude affectueuse, de quel dévouement ils entourent les chefs dont ils se sentent aimés!

Ces chefs, s'ils sont des chrétiens éclairés et fervents, peuvent donc être apôtres.

Mais trop de jeunes officiers veulent demeurer sceptiques à cet égard. Pour épargner à leur vie mondaine et facile une gêne, et à leur conscience des remords, ils se persuadent volontiers que des tentatives de zèle seraient vaines.

Ils refusent toute direction et toute lumière.

Avec les années, leurs illusions tombent et trop tard ils constatent le bien qu'ils auraient pu faire et qu'ils ont négligé.

Beaucoup d'entre eux justifient à la lettre cette belle page d'un auteur anonyme.

« On est jeune, brillant, recherché. On a si bonne grâce dans la force de ses vingt-cinq ans et la mâle parure de l'uniforme!

Que de séductions conspirent ensemble à

voiler, pour un temps, le sérieux de l'existence ; sans parler d'autres entraînements, nullement chimériques, hélas ! et plus contraires encore à l'esprit d'abnégation.

Ce n'est qu'à l'automne de la vie, alors que les cheveux grisonnent sous le képi, que l'idée du sacrifice ignoré, constant, tenace, dépouillé de l'éclat des champs de bataille, se dresse devant l'homme mûr, dans sa majestueuse et sévère beauté.

Il comprend alors l'héroïsme de ce rôle d'éducateur obscur du soldat, quand même il ne rencontrerait chez ce disciple forcé, ni le savoir-vivre, ni la culture de l'intelligence, ni les délicates expansions du cœur.

Il le comprend, il serait prêt à y consacrer le reste de ses forces.

Mais, par une sorte de fatalité, c'est justement alors que son grade l'isole sur un piédestal presque inacessible, d'où il pourra à peine s'incliner à de rares intervalles vers ceux qu'il voudrait conquérir. »

XI

LA MARINE

XI

LA MARINE

Il y a quelques années, sollicité par des amis, un brillant enseigne de vaisseau, catholique dans l'âme, traçait au courant de la plume ses vues sur l'influence et l'apostolat des officiers de marine.

Sa lettre m'est tombée sous la main, j'y puiserai sans scrupule, convaincu que les réflexions d'un jeune, au cœur même de la lutte et des périls, donneront à cette causerie un intérêt et un charme particuliers.

*
* *

« A mon sens, dit-il au début, voici le portrait de l'homme appelé à faire du bien dans notre corps : chrétien éclairé, ferme dans ses pratiques religieuses, sans ostentation, sans provocation, sans gêne pour les autres, rendant ses convictions doublement respectables par une conduite privée sans reproche ; camarade aimable et complaisant, toujours prêt à rendre service ; esprit de discipline fortement établi ; s'abstenant de juger l'autorité ; officier consciencieux et travailleur, sans cesse préoccupé des intérêts spirituels et temporels des hommes qui lui sont confiés... jaloux d'acquérir et d'étaler cette distinction que le P. de Ravignan mettait presque au rang des vertus chrétiennes.

« Il faut qu'un officier de marine qui veut remplir son rôle d'apostolat provoque chez tous ceux qui l'entourent, chefs, camarades ou inférieurs, l'estime, le respect, l'affection. Ce sont là les seules armes qui nous permettent de faire du bien autour de nous.

« Depuis que je suis dans la marine, je n'ai vu qu'une fois railler quelqu'un au point de vue de ses pratiques religieuses. C'était au *Borda*. Les brimades venaient d'un bureau essentiellement animé d'un mauvais esprit. La victime prêtait aux taquineries par sa modestie et sa timidité excessives.

« L'esprit général de la promotion imposa

vite silence aux moqueurs. Par opposition à ce fait-là, je vous ai cité le cas d'un élève du *Borda* voyant son voisin de bureau revenir de chez l'aumônier, la veille de Pâques, et s'arrêtant au milieu d'une conversation légère pour dire à ses interlocuteurs : « Taisons-nous, il vient de se confesser. »

« La tradition est que les élèves désireux de voir le prêtre la veille d'une fête, inscrivent leurs noms sur un des tableaux de la batterie. Jamais cette coutume n'a donné lieu à aucun commentaire irrévérencieux.

« Ce n'est pas seulement à l'école navale que l'on montre cette tournure d'esprit, en somme fort encourageante. C'est dans toute la carrière. Aussi faut-il être vraiment dénué de courage, pour faiblir devant le respect humain.

« Si on tient, et je crois que c'est là une préoccupation salutaire, à ne pas donner lieu à certaines moqueries, il faut faire son métier de chrétien franchement et noblement. »

Voilà le portrait ; après ce coup d'œil d'ensemble, le détail.

L'officier de marine apôtre sera toujours en éveil ; à bord et à terre, tant d'occasions s'offrent à lui de faire le bien !

A bord.

Il s'y trouve avec des *égaux* et des *inférieurs* qui, tous, doivent bénéficier de sa présence.

Pour les ÉGAUX, quoi de plus éloquent que l'exemple d'une vie de *chrétien travailleur ?*

Comme chrétien, le jeune officier veillera sur la tenue de sa chambre ; je ne parle pas seulement de l'ordre matériel, mais bien de ce cachet de sérieux et de décence où s'impriment les préoccupations d'une âme haute.

« Il faut éviter, dit notre enseigne, d'orner sa chambre de gravures ou de statuettes inconvenantes, sous le sot prétexte d'art. Dans la vie monotone et pour ainsi dire cloîtrée que nous menons à bord, la contemplation de ces objets peut produire des effets particulièrement dangereux.

« Il faut se garder d'ailleurs de tomber dans l'excès contraire. Il est indispensable qu'une cabine de bord soit sanctifiée par la présence d'un crucifix, et autant que possible d'une image de la sainte Vierge ; mais il vaut mieux ne pas en faire un musée d'images pieuses ; ce genre de dévotion serait loin de convenir à l'apostolat que nous cherchons. »

Pour se distraire dans les longues heures de loisir, chaque officier embarque avec lui une bibliothèque. Les camarades du carré la connaissent vite par cœur :

« Aussi ne faut-il jamais donner le scandale d'avoir des ouvrages dont la mauvaise réputation est notoirement établie. Si on a reçu de son directeur l'autorisation d'en prendre connaissance, il faut les lire chez soi. » — J'ajoute à cet avis : « Quand vous sortez de votre chambre, ne laissez pas ces livres sur la table ; mettez-les sous clé, au moins à cause du matelot qui vous sert d'ordonnance. »

Comme chrétien travailleur, l'officier de marine a un modèle bien connu, Aubaret, lieutenant de vaisseau, plus tard consul et ministre plénipotentiaire. Il a laissé des souvenirs où je cueille cette belle page :

« Pour s'arracher à l'ennui, il faut savoir se réfugier seul dans sa chambre et laisser le salon commun, salon très attirant au point de vue du bien-être, mais où l'on s'amollit sur les canapés et les coussins, où les pipes ennuyées succèdent aux pipes, où la conversation coupée a rarement un but sérieux, véritable atelier où chacun fait ses efforts pour tuer le temps. C'est de là qu'il faut s'en aller ; on n'y doit paraître, pour bien faire, que de temps à autre et pour se reposer d'un travail sérieux en y fumant une cigarette. Mais malheur à celui qui s'y traîne tout le long du jour, qui ne recule pas devant trois heures de jeux de cartes ; il finira par être incapable de prendre un livre, et quand c'est là qu'on est venu un officier de marine, il est sincèrement à plaindre. Il faut faire du vaisseau son couvent, de sa chambre sa cellule ; c'est une habitude à prendre, elle demande un peu de volonté ; mais c'est le seul moyen de s'en tirer avec honneur. »

Rien de contagieux comme le farniente ; sachez y voir toujours le contre-pied de l'apostolat.

Vos efforts, je le suppose, sont couronnés de succès ; vous voici enfin posé comme chrétien sérieux et travailleur. La lutte est-elle finie ? Le croire serait naïveté. Vous aurez à subir encore plus d'une attaque, en sortirez-vous victorieux ? Tout dépend de votre attitude, qu'il est prudent de prévoir. Ecoutez ces réflexions pratiques de la lettre déjà citée :

« Il est bien peu de carrés où l'on attaque la religion, et si l'on veut imposer silence à des gens oublieux de leurs devoirs de vie commune, il faut, tout simplement, noblement, sans entrer en dispute, dire que l'on tient à voir respecter les traditions interdisant les débats sur ce sujet. Encore est-il sage de ne pas se monter inutilement la tête et de ne pas voir des attaques partout.

« En matière de conversations choquantes relativement aux mœurs, l'attitude à garder est plus délicate encore.

« Il faut bien se mettre dans l'esprit que si les conversations entendues au carré déplaisent par leur inconvenance, si les camarades n'ont pas le tact de le comprendre, le mieux est de se retirer. Illusion de croire arriver à quelque chose par des reproches!

« J'ai navigué avec un officier très pieux, qui croyait de son devoir d'imposer silence au moindre écart de parole. Peine inutile, car ses camarades ne lui reconnaissaient aucune autorité et trouvaient même un malin plaisir à marcher, en sa présence, sur le terrain défendu. Le malheureux avait gagné à ce métier une réputation d'homme intolérant et insupportable dans la vie commune, et on ne l'aimait pas.

« Une attitude correcte, une dignité simple et sans affectation, montrant bien que vous ne voulez pas vous mêler aux propos tenus devant vous, ont infiniment plus d'effet et j'ai la certitude que beaucoup de discours licencieux sont atténués ou même arrêtés par cette sorte de respect dont s'entoure un vrai chrétien.

« On ne saurait trop se défier des conversations sur le dogme. Il est rare que l'on soit prêt à répondre par des arguments précis aux objections ; et avant tout il faut éviter de faire croire que l'on ne comprend pas sa religion. »

Suit alors une remarque de l'enseigne de vaisseau, où plus d'une âme ardente puisera l'espoir de se dédommager après un silence, souvent douloureux.

« Autant les discussions publiques sont funestes, autant sont féconds les entretiens à deux dans la chambre, sur le pont ou au cours d'une promenade ; là, il peut y avoir de l'intimité, de l'abandon et il est permis de tout se dire. »

Avez-vous lu l'entretien fameux des lieutenants du Couëdic et Marceau sur la dunette du *Scipion?* Le sourire sur les lèvres, Marceau accueillait avec un incrédule dédain les réflexions de son ami. Ce dernier lui ayant demandé s'il avait reçu une éducation chrétienne : « Non, répondit Marceau. » — « Eh quoi ! repartit du Couëdic, qui voulait à tout prix gagner cette âme, quoi ! vous ne connaissez pas notre religion ? Vous ne la connaissez que par les sarcasmes dont elle est l'objet, et cela vous suffit pour la juger ! Un homme comme vous, intelligent et loyal, qui ne désire que la vérité, peut-il procéder aussi légèrement et condamner ce qu'il n'a pas sérieusement examiné ? Il y a un fait énorme qui doit vous frapper : c'est que la religion catholique n'est pas comme ces systèmes humains nés d'hier (Marceau était alors saint-simonien), et dont personne ne peut dire que la vie sera longue. Notre religion date de dix-huit cents ans... Elle s'est répandue partout ; des hommes distingués dans tous les genres, dans tous les pays, dans tous les siècles, s'en sont déclarés les fidèles disciples ; elle dure, malgré les attaques dont elle ne cesse d'être l'objet ; il faut donc qu'elle soit douée d'une grande force, et qu'elle présente autre chose à notre croyance qu'un ramassis de fables ridicules et de pratiques plus ridicules encore. Il me semble que cette question est digne des recherches d'un esprit comme le vôtre, et que, avant de la condamner, il est de toute justice que vous l'étudiiez. »

En public, Marceau se fût révolté à ces paroles. Dans l'intimité d'un tête à tête, il écouta, comprit la justesse du raisonnement et promit d'en tenir compte.

Il lut la *Démonstration évangélique* de Duvoisin, puis *Le Christ devant le siècle*, par Roselly de Lorgues. Ce furent les préludes de sa conversion.

Dans le portrait de l'officier chrétien vous avez sans doute remarqué cette phrase :

« Qu'il ne soit pas gênant pour les autres » ?

Elle a une grande portée et en voici l'application pratique :

« En règle générale, c'est, je crois, une mauvaise chose de se faire remplacer par ses camarades pour aller à la Messe le dimanche. Autant, lorsque le service le permet, faut-il être scrupuleux dans l'accomplissement de ses devoirs, autant faut-il avoir la conscience légère, lorque le service retient à bord.

« Quand on se fait remplacer, il est bien rare que l'acte le plus complaisant et le plus spontané en apparence, ne soit suivi de réflexions auxquelles l'apostolat n'a rien à gagner. »

Tel sera l'officier de marine désireux d'avoir, sur ses égaux, l'influence qui entraîne au bien.

A ses INFÉRIEURS, de quelle manière s'imposera-t-il ?

Je trouve sages les réponses suivantes toujours puisées à la même source :

« Là, encore, l'essentiel est d'acquérir l'estime.

« Nous ne nous figurons pas généralement combien nos inférieurs, par suite de leur contact habituel avec nous, arrivent à nous juger à notre juste valeur. Tout leur sert à nous apprécier : notre correction à leur égard, notre tenue, notre façon de faire le service, nos conversations dont ils saisissent des bribes à notre insu. Bref, ils arrivent à former nettement une opinion sur chacun de leurs officiers.

« Quand j'étais aspirant, mêlé continuellement à l'équipage, à cause de mes fonctions, j'ai entendu les hommes émettre sur leurs chefs des jugements d'une vérité surprenante.

« Il nous faut donc tendre à mériter le respect, mais gardons-nous de viser à la popularité qui s'obtient d'ordinaire au détriment de la discipline.

« Il importe de traiter les hommes avec fermeté, mais sans faire usage de paroles grossières qui les abrutissent et sont de nul profit. »

Cependant une correction parfaite de tenue et de langage, jointe à la fermeté, ne suffit pas pour que l'influence produise tous ses fruits. Il faut encore gagner les cœurs par la charité.

L'enseigne ne manque pas de le dire :

« Un des moyens les plus puissants d'acquérir la sympathie, c'est d'aller voir les malades, égaux ou inférieurs, qui sont à l'hôpital. Il y a là une excellente occasion de faire le bien et de glisser des paroles fécondes au point de vue du bon Dieu. »

Marceau, jadis, avant son retour à la foi, avait subi cet ascendant de la vertu chrétienne. L'un de ses camarades, embarqué avec lui sur le *Sphinx*, à l'époque où la flotte n'avait pas d'aumôniers, visitait souvent l'hôpital du bord ; là, cet officier consolait les malades, les exhortait à la patience, leur témoignait une tendre affection.

Marceau avait remarqué que lorsque ce camarade traversait la batterie pour se rendre sur l'avant du navire, les matelots se rangeaient en silence, se découvraient et lui témoignaient le plus profond respect. Ce spectacle lui inspirait de sérieuses réflexions.

Il en provoquera de semblables, plus tard, et voici ce qu'on raconte du commandant de Plas son ami et une de ses conquêtes. Pendant que de Plas remplissait la charge de chef d'état-major et de capitaine de pavillon de l'amiral Guérin, sur la *Virginie*, le choléra, la variole et la typhoïde firent invasion à bord.

Plus de trois cents malades encombrèrent bientôt l'hôpital et l'infirmerie.

Alors, on vit le commandant passer des nuits entières au chevet de ses marins, leur parlant de Dieu, de leur famille, faisant leur correspondance, les encourageant, les consolant, leur prodiguant tous les soins d'un père.

Eût-il pu mieux comprendre et mieux accomplir son devoir ?

Dans ces visites de charité, l'officier chrétien aura plus d'une fois à remplir un rôle d'où peut dépendre le salut éternel des âmes. Ecoutez :

« Il n'est pas douteux, qu'il ne lui incombe, à défaut du prêtre, de disposer un homme qui va mourir. La chose n'est pas toujours facile ; nos chirurgiens ont en général mauvais esprit et mettent bien des entraves à notre zèle.

« Je me suis déjà trouvé dans ce cas-là, pour un malheureux quartier-maître qui mourut du choléra en quatre heures. J'ai eu le regret, et je le garderai toute ma vie, de ne pas lui avoir inspiré des sentiments de foi et de repentir. Le major disait toujours que l'homme s'en tirerait ; je savais quelle influence a le moral sur les cholériques, j'étais aspirant et un peu timide. Bref, le pauvre matelot a passé. C'était un Breton, père de famille ; j'avais bien prié pour lui, et je conserve l'espérance que le bon Dieu l'aura préparé lui-même à paraître devant son tribunal. »

Et la prière, et l'assistance à la messe du dimanche, et la communion de Pâques?... L'officier ne peut-il donc rien pour tout cela, vis-à-vis de ses inférieurs?

Il peut, au contraire, beaucoup!

De prière publique, hélas! il n'est plus question aujourd'hui.

On sait quelle infâme mesure effaçait hier de nos vaisseaux tout vestige de pratiques religieuses, mais les persécuteurs passeront, la liberté refleurira et avec elle l'hommage dû à Dieu. Alors, vous vous rappellerez les lignes suivantes :

« Pendant la prière, l'officier chrétien doit adopter une attitude qui montre bien ses convictions, et qui, en quelque sorte, en impose aux hommes. Tous les matelots imiteront l'officier qui préside, s'ils le voient faire le signe de la croix. S'il l'omet, beaucoup suivront son exemple, par respect humain. Nous devons fermement tenir à ce que le timonier chargé de la récitation des prières, s'acquitte avec respect de ce service.

« En ce qui concerne la sanctification du dimanche, la meilleure conduite à suivre est, me semble-t-il, celle-ci : s'assurer de l'heure des messes et choisir de préférence une heure tardive pour n'être pas gêné par l'inspection. Faire prévenir l'équipage par un avis affiché dans la batterie. A l'heure opportune, donner des embarcations pour descendre à terre et faire en sorte qu'elles soient nagées par des hommes allant à la messe eux-mêmes. Les officiers feront bien de disparaître pendant cette organisation. L'équipage se dirait vite que l'on contrôle les noms de ceux qui font leur devoir, le résultat de ce bruit serait déplorable.

« Quant aux Pâques, elles nécessitent une tout autre manœuvre. Le principal est d'amener un prêtre à bord. Là, il entendra les confessions, dira la messe et distribuera la sainte Communion. »

Le respect humain est toujours à craindre, assurément, mais ne perdra-t-il pas une partie de son empire si quelques officiers s'approchent des sacrements avec leurs hommes ?

De Plas communiait toujours, dans ce but, à la tête de ses marins et en grand uniforme : « Il faut arborer hardiment son drapeau, disait-il, et encourager nos matelots. »

Même sentiment et même manière d'agir chez Bergasse Dupetit-Thouars.

Quelqu'un osa lui conseiller timidement un

jour de ne pas revêtir son costume d'amiral pour communier : « Mais, répondit-il, c'est l'habit que je prends toujours lorsque je me rends auprès de mes supérieurs ! »

A ces moyens généraux d'apostolat : l'exemple d'une noble vie, la charité envers les malades, la facilité offerte à tous de remplir leurs devoirs religieux, que d'autres saura découvrir un chrétien qui aime Dieu et les âmes !

Tantôt, c'est pendant le quart de nuit. Dans le silence ou au seul murmure des flots une bonne parole dite aux timoniers ou aux hommes de garde, produit des effets merveilleux.

Tantôt, c'est aux jours d'aiguade. Une bande joyeuse de gabiers quitte, sur une baleinière, le navire au mouillage et gagne la grève sous les ordres d'un officier, enseigne ou aspirant. La provision faite, suivent des heures de flânerie, surtout aux époques chaudes de l'Annam, du Tonkin, des Indes. Assis à l'ombre des palmiers ou dans un bois de ces frêles bambous qui ressemblent à de grandes avoines en fleurs, on devise, on disserte, on cause de la France, de la famille, de l'exil, des espérances de l'avenir.

L'officier intelligent dirige ces entretiens, y met la note chrétienne, et, pour instruire son monde, prend occasion des moindres choses.

Hier, les gabiers avaient cueilli, pour le lui

offrir, un bouquet d'orchidées, d'amaryllis ou de lotus ; il leur en a fait admirer la forme et les nuances, rappelant la délicatesse du peintre divin des fleurs.

Aujourd'hui la petite troupe rencontre sur la côte une de ces pagodes aux bas-reliefs coloriés de bêtes de rêve, contournées, griffues, montrant leurs crocs dans un rictus atroce ; le tout environné de brûle-parfums posés sur des bancs caducs, sorte d'autels bouddhiques dont les païens s'approchent en tremblant. L'officier en profite pour établir une comparaison entre le christianisme si beau, si simple, si pur, et le paganisme, invention de l'enfer.

Chez beaucoup de marins la foi n'a pas encore sombré ; aussi comme ils aiment ces allusions et ces rapprochements qui leur rappellent les leçons reçues là-bas, au foyer, sur la terre de Provence ou de Bretagne. Ils les écoutent, attentifs, avides, et bien des fois, revenus à bord, lorsque, appuyés contre le bastingage, ils auront l'air mélancolique des rêveurs, en réalité, leur pensée sera encore tout entière aux causeries de la veille.

Le soir de ces promenades, fructueuses pour les âmes, l'officier chrétien pourra se dire devant Dieu : « Aujourd'hui, j'ai travaillé un peu pour votre gloire ! »

A terre.

Les précédents détails concernent la vie à bord ; mais il en est une autre plus dangereuse et dont il faut dire quelques mots : la vie à terre.

En escadre, les bâtiments sont bien souvent désertés... officiers et marins envahissent les ports de mer et il semble que tout apostolat doive prendre fin avec cette nouvelle vie.

C'est une erreur !

Sur ses camarades et sur ses matelots l'influence et le zèle d'un officier peut s'exercer encore efficacement.

Sur ses camarades.

Un service capital à leur rendre est de les détourner de la fréquentation des cafés des ports.

« Mais, selon la remarque de l'enseigne qui nous sert toujours de guide, étant donnés le désœuvrement et l'ennui, c'est un point difficile à obtenir.

« Je prends Toulon, ville pernicieuse à tous les points de vue et où l'agglomération des marins est énorme : un jeune aspirant arrive, il ne connaît personne en dehors de ses camarades, plus anciens ; ceux-ci ont leurs mauvaises habitudes prises. Le soir vient ; après le repos où aller? si ce n'est au café pour ne pas faire bande à part. Or, presque tous les cafés de Toulon sont, à partir de neuf heures, le rendez-vous du mauvais monde. Le péril y est grand, et là est le théâtre de la plupart des chutes.

« Mais que faire, pendant ces longues soirées, durant lesquelles on n'a même pas la distraction du service? On a bien un chez-soi; mais le confortable manque et il est difficile de s'y trouver bien. Encore une fois, que faire?

« Voici ma pensée : dans bien des cas, plusieurs bons amis pourraient louer ensemble un appartement pour se réunir, causer, prendre le thé, avoir des jeux et des livres.

« Mais que tout cela est difficile à obtenir dans la pratique, je le sais par expérience personnelle.

« Aussi, de tous les moyens de conservation, la fidélité aux devoirs religieux constitue assurément le plus fort.

« Si les officiers, à leur arrivée dans un port, étaient sûrs d'avoir à leur service un prêtre plein de dévouement, heureux de les soutenir de son affection et de ses conseils, il y en aurait, j'en suis convaincu, beaucoup moins à faire le plongeon et l'indifférence diminuerait peu à peu dans notre corps. »

Chercher ce prêtre ami, le découvrir, le faire connaître à ses camarades, et, par son entremise, leur ménager les avances de quelques familles chrétiennes et distinguées où ils seront reçus de temps en temps, tel sera le rôle de l'officier, vis-à-vis de ceux qui subissent son influence d'apôtre.

Peut-être devra-t-il prier et souffrir avant de voir la réussite de ses efforts, mais une intention si droite et si haute, le salut des âmes, sera toujours, tôt ou tard, bénie de Dieu.

Sur ses inférieurs.

Il n'est plus, je pense, de port de mer, où n'existe une de ces maisons de famille, refuge des pauvres matelots, abandonnés à eux-mêmes et en danger de naufrages plus redoutables que ceux de l'Océan.

Au cercle, il y a presque toujours un prêtre. Il s'offre à être le père et le guide des marins de tout âge, il met à leur disposition des revues illustrées, des journaux, un billard, tout ce qu'il faut pour écrire ; lui-même bien souvent tient la plume pour ceux dont l'instruction est plus que primitive.

Au cercle, d'ordinaire, il y a aussi une chapelle où les âmes peuvent se rafraîchir dans la prière, se fortifier dans la réception des sacrements.

Le commandant de Plas aimait beaucoup ces œuvres; il les visitait souvent, parfois même il y donnait des leçons d'écriture et de calcul aux hommes désireux de s'instruire.

L'officier aura soin de faire connaître exactement aux matelots la rue et le numéro du cercle; il chargera un quartier-maître de bon vouloir d'y conduire deux ou trois camarades; ceux-là montreront la route à d'autres et l'officier, cette fois encore, aura rempli son devoir de chrétien.

Heureux les aspirants, les enseignes et les lieutenants de vaisseau qui trouvent dans leurs chefs hiérarchiques, pour soutenir leur ardeur, l'exemple de la foi pratiquée ouvertement, sans le moindre souci du qu'en-dira-t-on, avec le seul désir de rendre à Dieu honneur et gloire!

Deux beaux traits de ce genre pour finir.

En 1885, l'amiral Berjasse Dupetit-Thouars avait suivi à pied, en uniforme, un cierge à la main, les processions de la Fête-Dieu, à Cherbourg... Fureur des sectaires, embarras des ministres: comment arrêter un tel scandale, une invasion si funeste du cléricalisme? L'année suivante, le sous-préfet reçoit l'ordre de se rendre à la préfecture maritime, et de faire comprendre à l'amiral que sa présence, en costume officiel, à une cérémonie religieuse, à *peine tolérée*, revêt un caractère blessant pour les autorités qui s'en abstiennent... on désire et *espère* qu'il s'abstiendra :

— Est-ce que le bon Dieu a baissé d'un cran et perdu son grade? demande ironiquement l'amiral. Puis, sans attendre la réponse du fonctionnaire interdit : « Je ne sais, ajouta-t-il, si le bon Dieu est en baisse à la préfecture de Saint-Lô; mais, pour moi, il est toujours le souverain Maître du monde ; je me ferai donc un honneur et un devoir d'escorter le Saint-Sacrement, comme l'année dernière. »

Il l'escorta, en effet, revêtu de son plus brillant uniforme.

Quelques années plus tard on eut lieu d'admirer encore cette noble indépendance de l'amiral.

C'était au mois d'avril 1890, lors du voyage de Carnot qui se rendait en Corse; l'escadre avait fait ses évolutions. Il était six heures du soir. Sur la passerelle du *Formidable*, président de la République, amiraux, ministres, états-majors causaient avec animation. Tout à coup, un roulement de tambour se fait entendre, annonçant la prière du soir. Aussitôt Dupetit Thouars se découvre et se tait. Tous l'imitent, et la prière s'achève dans un silence respectueux. L'amiral racontant l'aventure à un ami, disait en souriant : « Enfin, je leur ai fait faire la prière à tous ! »

Qui ne marcherait fièrement vers Dieu à la suite de pareils chefs ?

XII

LE SACERDOCE

12

XII

LE SACERDOCE

Aux âmes éprises de sa gloire et toutes de feu pour l'apostolat, Dieu, d'ordinaire, destine quelque chose de plus grand et de plus saint que les carrières profanes.

Il les invite à le suivre, à sortir de la voie commune où se presse la foule et leur montrant les sommets du sacrifice, il les appelle à la dignité sacerdotale, soit au milieu du monde, soit dans la vie religieuse.

Pour l'âme élue, immense honneur; pour les fidèles, bienfait inestimable, car, quelle influence pourrait égaler celle d'un vrai prêtre de Jésus-Christ ?

Le dix-neuvième siècle a vu passer sous ses yeux tout un cortège d'hommes illustres :

Lamartine, Victor Hugo, Berryer, Cauchy, Donoso Cortès et bien d'autres, ont exercé autour d'eux un incontestable empire. A titre de poètes, d'orateurs, de savants et de politiques, ils étaient admirés, applaudis, consultés.

Et cependant, lequel de ces hommes, malgré son génie, rehaussé chez plus d'un par la foi et la vertu, a eu sur les âmes l'ascendant de quelques modestes prêtres, dont le souvenir fait encore battre les cœurs d'une reconnaissante affection?

Qui oubliera jamais, par exemple, les noms de M. des Genettes et du curé d'Ars, dans le clergé séculier? Et dans la vie religieuse, ceux du P. de Ravignan et de Dom Guéranger, abbé de Solesmes.

Revoir ces belles figures n'est jamais sans charme et sans profit.

1°. — LE SACERDOCE DANS LE CLERGÉ SÉCULIER

M. des Genettes, curé de Notre-Dame des Victoires.

Son influence apostolique était extraordinaire. Je n'en veux pour garant que cette démarche dont il fut l'objet un jour.

C'était au lendemain de la révolution de 1848. Agenouillé, selon sa coutume, devant l'autel de Marie, le curé de Notre-Dame-des-Victoires priait lorsqu'on vint l'avertir qu'un groupe d'hommes l'attendaient au presbytère. Aussitôt il se lève, se présente et saluant avec bonté : « Qui êtes-vous, Messieurs, dit-il, et que puis-je faire pour vous servir? » — « M. le Curé, répond un des visiteurs, vous avez devant vous des députés, des membres du Conseil d'État et de diverses Académies. Nous venons vous demander si vous ne connaîtriez pas un moyen pratique d'arrêter le flot montant de l'anarchie qui a failli, ces jours derniers, emporter les institutions sociales de la France. »

Quels conseils pouvaient bien attendre ces personnages?

Leur pensée allait-elle au-delà de réformes économiques ou financières, d'institutions de prévoyance et de charité, de conférences philosophiques ou scientifiques pour éclairer, moraliser, élever l'âme du peuple?

La pensée de M. des Genettes planait au-dessus de ces industries purement humaines.

Après avoir écouté, le saint prêtre se recueillit, arrêta sur ses interlocuteurs un regard plein de compassion, puis, de ses lèvres tombèrent simplement mais avec une incroyable autorité, ces paroles devenues célèbres : « Messieurs, communiez et faites communier tous les huit jours ! »

A cette réponse, grande, je l'imagine, dut être la surprise de ces hommes étrangers, la plupart, aux pratiques religieuses; ils l'accueillirent néanmoins avec respect. Ne leur rappelait-elle pas la parole de Voltaire : « Une armée qui communierait avant la bataille, serait victorieuse. »

Mais, en vérité, quel autre qu'un prêtre eût osé tenir ce langage aux représentants d'une nation?

Quel autre fût allé si droit au cœur de la question sociale en indiquant l'Eucharistie comme premier remède à nos révolutions?

Quel autre eût mieux laissé entendre que la cause de tout le mal, c'est l'égoïsme, et que seule la religion, dont l'Eucharistie est l'âme, peut amoindrir l'égoïsme et rendre, avec l'espérance et la charité, la paix aux âmes?

M. Vianney, curé d'Ars.

Pendant que M. des Genettes attirait les multitudes aux pieds de la Très-Sainte-Vierge, et, joyeux de tant d'amour, attachait lui-même, autour de son autel, les croix, les médailles militaires et les épées, offertes par les vainqueurs de l'Algérie à la Reine des Victoires, dans l'Est de la France, au fond d'un village jusqu'alors inconnu, un autre prêtre faisait l'admiration du monde entier.

Plus d'un pèlerin d'Ars a raconté son entrevue avec M. Vianney.

Je laisse la parole à l'un d'eux ; ce simple récit en dira plus long que tout un volume sur l'influence du prêtre, à la hauteur de sa mission.

« A l'heure venue, nous partîmes de Villefranche. Il tombait une pluie battante, personne sur les chemins. — Parfait, me disais-je, il n'y aura pas foule autour du curé d'Ars. Je serai privé du spectacle des populations empressées pour le voir, mais je pourrai du moins facilement l'aborder, lui parler.

« A peine descendu de voiture, je cours à l'église, où l'on me dit que se trouve M. le curé. O surprise, dans l'église une foule nombreuse et recueillie ; les femmes éparses par groupes dans la nef, les hommes se pressant aux abords et autour du chœur.

« Jamais antichambre de ministre ou de souverain ne s'était présentée à moi avec cette grandeur et cette majesté. Cependant je cherchais des yeux le curé d'Ars et je ne le voyais pas. On me montra du doigt la porte de la sacristie et l'on me dit qu'il était là, confessant les hommes à tour de rôle. Il recevait alors ceux qui étaient arrivés la veille. Or, il était cinq heures du soir.

« Dès huit heures du matin, l'église avait reçu de nouveaux visiteurs et n'avait pas cessé un moment d'être remplie.

« Cependant l'heure de la prière était venue. M. Vianney sortit pour monter en chaire. Sa vue me fit oublier tout le reste.

« Il était revêtu de son surplis qu'il ne quitte jamais ; son visage et sa personne étaient d'une extrême maigreur ; ce corps si frêle et déjà courbé paraissait grand et majestueux. Il marchait la tête inclinée ; on s'agenouilla et il dit la prière du soir, mais d'une voix si faible qu'il n'en venait que des sons confus à mon oreille.

« La prière achevée, il descendit de chaire, traversa l'église, sortit par une porte latérale, et toujours nu-tête et en surplis, rentra dans sa demeure entre deux haies de fidèles qui s'agenouillaient et qu'il bénissait en passant.

« Le lendemain matin je courus à l'église à quatre heures. Je croyais arriver à temps et même devancer tout le monde, mais j'éprouvai une surprise semblable à celle de la veille et plus grande encore. Déjà, une foule nombreuse était rassemblée.

« Depuis quand êtes-vous là ? demandai-je à mes voisins.

« — Depuis deux heures du matin.

« — Et M. le curé quand est-il venu ?

« — Il est arrivé à minuit.

« Que fait-il maintenant ?

« Il confesse les hommes jusqu'à l'heure de sa messe. »

« Sur les sept heures, après une séance mortelle pour tout autre, qui durait depuis minuit, il sortit du confessionnal avec cet air calme et reposé qui lui était habituel et il rentra à la sacristie. Après la messe, l'église regorgeait de monde et la confession des hommes recommença immédiatement. De temps en temps, on voyait se grouper au bas de l'autel ceux que la confession avait réconciliés avec Dieu. Le vicaire leur distribuait la sainte Communion.

« A onze heures, l'église s'était remplie de nouveau pour le catéchisme.

« Certes l'éloquence du curé d'Ars n'était pas dans sa parole : elle était dans sa physionomie, dans son geste, et surtout dans l'autorité de sa vie et l'ascendant de ses œuvres.

« Aussi quelle action puissante il exerçait sur

son auditoire! Ce fut la dernière scène et la plus belle de toutes. La foule s'était amassée autour de lui; à ses pieds, sur les marches de l'autel, sur le pavé du chœur, se pressaient des gens de tout âge, de toute condition, absorbés dans une attention haletante, les yeux fixés sur sa personne.

« Il avait des pensées du genre de celle-ci : Chose étrange! J'ai rencontré bien des gens qui se sont repentis de n'avoir pas aimé Dieu, je n'en ai jamais rencontré un seul qui fût triste et se repentît de l'aimer.

« Midi sonnait quand le curé d'Ars finissait de parler et retournait au presbytère pour y puiser, dans la prière et la mortification, la force de recommencer bientôt sa vie d'immolation et de sacrifice. Je n'avais pas vu de miracle particulier; mais j'avais vu le miracle ordinaire de la vie d'un saint dont chaque journée ressemble à celle qu'il m'avait été donné de contempler. »

Voilà un vivant tableau de l'influence de la sainteté unie au caractère sacerdotal.

Vous qui lirez ces lignes, si Dieu vous parle au cœur et vous appelle visiblement au sacerdoce dans le clergé séculier, écoutez-le. Sans doute, il vous est permis de trembler. Le vénérable curé d'Ars ne disait-il pas, à l'exemple de saint Vincent de Paul : « Si j'avais su ce que c'est que d'être prêtre, je ne me serais jamais laissé imposer les mains. »

Les Anges eux-mêmes se sentiraient indignes d'un tel honneur.

Et puis, la perspective de votre faiblesse, d'une vie de solitude et parfois d'abandon, sans appui moral, sans le soutien de la ferveur des fidèles, tout cela justifie, de votre part, de sérieuses appréhensions. Malgré tout, puisqu'il faut des prêtres pour offrir à Dieu, par l'immolation de son Fils sur l'autel, une gloire infinie ; puisqu'il en faut, à la tête des paroisses, pour guider et soutenir les âmes; puisque, préparation absolument nécessaire, une retraite pleine de recueillement, de prière et d'abnégation vous a rendu certain de l'appel de Dieu, acceptez avec reconnaissance le fardeau et la dignité, et comptez toujours, quoiqu'il arrive, sur le secours de la grâce, si vous restez fidèle. Avec quel élan les âmes se porteront vers vous !

Vertueuses et ferventes, elles entoureront le tabernacle pour recevoir de vos mains le pain des Anges ; chancelantes dans la vertu, malades, elles vous supplieront de les encourager et de les guérir ; mortes à la vie de la grâce elles imploreront de vous la résurrection et la vie. Instruire, guider, guérir les âmes, tel sera votre rôle, il est beau, il est sublime; elles le savent et elles le sentent; de là le besoin qu'elles auront de vous et le secret de votre puissance sur elles.

2°. — LE SACERDOCE DANS LA VIE RELIGIEUSE

Mais voulez-vous plus encore pour Dieu et pour le prochain ?

Voulez-vous que, par état, votre vie devienne un holocauste offert à la Majesté divine ? Voulez-vous tendre à la perfection et, grâce à de solennels engagements, vous détacher du monde, de ses préoccupations, de ses vanités, de ses intérêts, de ses jouissances? Voulez-vous courir sans obstacle et avec une sécurité incomparablement plus grande aux conquêtes de l'apostolat ? Le voulez-vous ? Alors, suivez la voie des conseils évangéliques. Notre-Seigneur ne demande qu'à vous y accueillir : *Si vis perfectus esse*, vous dit-il, si vous voulez être parfait, quittez tout et suivez-moi !

Pauvre, chaste, obéissant, vous ressemblerez désormais à ces voyageurs pratiques que rien d'incommode n'accompagne : pas de bagages inutiles, pas d'habits flottants qui s'accrocheraient aux épines et retarderaient leur course ;

pas non plus de ces amis dont l'affection trop tendre et les cris d'effroi pourraient émouvoir leur courage aux passages aventureux des torrents ; comme eux, vous marcherez le cœur joyeux, plein d'espérances éternelles.

Votre sort ne sera-t-il pas digne d'envie ?

Voilà pourquoi les saints exhortaient chaleureusement les âmes à la vie religieuse : « Faites-vous moine, mon enfant, faites-vous moine » répétait saint Anselme à tout jeune homme qui venait aux monastères du Bec et de Cantorbéry.

Ceux même qu'un attrait spécial de la grâce ne retenait pas dans le cloître, louaient sans cesse la pratique des conseils. Combien firent mieux encore, en devenant fondateurs d'ordres, témoin saint Vincent de Paul, saint Pierre Fourier, saint Jean-Baptiste de la Salle?

De plus dans leurs écrits vous rencontreriez des conseils du genre de ceux de Saint Alphonse, aux jeunes clercs de son diocèse de Sainte-Agathe des Goths : Vos parents vous poussent-ils à être prêtre dans le monde, défiez-vous (1)! Peut-être n'ont-ils en vue que leur propre intérêt.

(1) Saint Alphonse de Liguori, *Selva* ou avis aux ecclésiastiques. Première partie, chap. 10. De la vocation des prêtres, n°s 5 et 6. — Voir Appendice 5.

— Vos parents vous détournent-ils de la vie parfaite, défiez-vous plus encore! Peut-être n'écoutent-ils que la voix de la chair.

Du reste, n'est-ce pas le bon sens lui-même qui parle par la bouche de ces serviteurs de Dieu? Car lorsque, devant un homme, en marche vers un but où il doit trouver le bonheur, s'offrent deux routes, l'une dangereuse, l'autre sûre, pour choisir la première ne devrait-il pas avoir de plus graves raisons que pour s'engager dans la seconde?

Ainsi en est-il de la vie au milieu du monde, même avec le caractère et les grâces du sacerdoce, et de la vie sous le joug de l'obéissance religieuse : d'un côté, mille dangers pour la ferveur et pour la vertu, de l'autre, les innombrables secours attachés au triple vœu.

Cet homme prêtre et religieux, voyons-le maintenant à l'œuvre, en la personne de Dom Guéranger et du Père de Ravignan.

Dom Guéranger.

Ame contemplative et tout imprégnée de l'histoire de la vie monastique, grand admirateur de Cluny, de Vallombreuse et de Saint-Maur, Dom Guéranger, dès 1833, rêve de ressusciter en France l'ordre de saint Benoît. Rien n'arrête son courage.

Bientôt l'abbaye de Solesmes se peuple d'une nouvelle génération de moines, pleins de ferveur pour la psalmodie et d'un zèle dévorant pour l'étude.

Le couvent devient un centre de lumière. L'influence de l'abbé rayonne et attire.

Un jour, c'est Montalembert qui se présente. Il n'a qu'une ambition : vivre de la vie des moines. Tout lui est accordé, même, avec les religieux, une stalle au chœur.

Pendant ces mois de retraite, de son âme émue jaillit l'histoire de sainte Élisabeth de Hongrie.

Un autre jour, c'est M. Guizot, ministre de l'Instruction publique; il vient proposer au Père Abbé l'achèvement d'un grand ouvrage, devant lequel l'Institut recule, après y avoir mis le premier la main. On se met au travail et la « *Gallia christiana* » s'achève et provoque l'admiration des érudits.

Presque à la même époque, M. de Falloux, ministre des Cultes, arrivait au monastère bénédictin. Il s'agissait du choix d'un évêque pour Poitiers.

Consulté quelques années plus tôt par le roi Louis-Philippe, sur le choix du successeur de

Mgr de Quélen, archevêque de Paris, Dom Guéranger avait émis un vœu en faveur de Mgr Affre, prélat d'une doctrine très pure. Cette fois, après l'entrevue de Solesmes, Mgr Pie montait sur le siège de Saint-Hilaire.

L'influence du religieux devait grandir encore.

Dom Guéranger fit paraître un livre auquel, depuis longtemps, il travaillait dans le silence de sa cellule. C'était un traité de Liturgie, tendant à remettre en vigueur, parmi nous, les usages de Rome et de rétablir les splendeurs de l'unité.

En vain les vieux Gallicans s'effraient et réclament, l'abbé de Solesmes, soutenu par quelques évêques éminents, n'a peur de rien, il se défend contre de violentes attaques ; sa polémique toujours digne porte avec elle la lumière, enfin c'est le triomphe, et il a le bonheur d'entendre le Pape Pie IX l'accueillir un jour par ces mots : « Vive le restaurateur de la Liturgie romaine. »

L'influence de Dom Guéranger montait toujours.

Elle s'éleva bientôt jusqu'à faire de lui l'apologiste de la doctrine elle-même.

A cette époque, il n'était bruit dans l'Église que de l'Immaculée Conception qu'il s'agissait de définir. Plein d'amour envers la sainte Vierge, l'abbé de Solesmes écrit un mémoire sur le privilège de la Mère de Dieu.

A Rome, le livre parait si beau que le Pape le reproduit presqu'intégralement dans la Bulle dogmatique. Est-il besoin de commentaire à un tel honneur ?

Il devait se renouveler à l'époque du Concile du Vatican.

Dom Guéranger y figure et l'illumine de sa science.

Aussi bien, apporte-t-il avec lui plus qu'un livre, une sorte de monument sur la *Monarchie Pontificale*, fruit merveilleux et comme spontané d'une maturité théologique incomparable. « Des Pères du Concile y trouvent la solution que bien des sophismes leur dérobent et les derniers nuages sont dissipés. » Ainsi s'exprime un des évêques les plus en vue dans cette grande assemblée.

C'était la seconde fois que la définition d'un dogme était préparée par le travail de l'abbé de Solesmes.

Influent par sa science et sa vertu, Dom Guéranger n'oubliait pas les âmes.

Elles le comprirent surtout lorsque l'*Année Liturgique*, œuvre d'une exquise piété, leur fut offerte. C'était nourrir les esprits et les cœurs tout ensemble et contribuer au salut et à la sanctification des fidèles. C'était faire servir l'influence à l'apostolat, c'était se montrer vrai religieux et vrai prêtre de Jésus-Christ.

Le Père de Ravignan.

Il s'offre à nous sous un autre aspect

Ce n'est plus le moine sur ses in-folios, ou chantant au chœur les louanges de Dieu. C'est le religieux, apôtre par vocation et en perpétuels rapports avec les âmes.

Brillant avocat au barreau de Paris, le Père de Ravignan, devenu membre de la Compagnie de Jésus, met au service de tous sa réputation et ses talents d'orateur.

Il parle, et la foule se précipite dans les églises pour l'entendre. Son regard, sa physionomie, ses gestes, reflètent une conviction et une ardeur qui pénètrent.

Et puis, son humilité est si profonde! Personne n'ignore que, parallèlement au carême des Tuileries, en présence de l'Empereur, il en prêche un autre devant les vieillards des Petites-Sœurs des Pauvres.

On sait également qu'il vient de refuser l'archevêché de Paris; que l'Académie a voulu lui ouvrir ses portes et qu'il a modestement décliné cet honneur, pour ne pas ravir aux âmes une minute de son temps.

Aussi, quand il propose à ses auditeurs de Notre-Dame une retraite préparatoire à la Communion Pascale, quel accueil enthousiaste !

Le sermon est à huit heures du soir et parfois, dès trois heures de l'après-midi, les places sont occupées par les hommes, avides de recueillir les conseils de leur Père.

Comment s'étonner alors de voir l'influence du religieux apôtre revêtir toutes les formes?

Influence sur la jeunesse; elle est telle que les proviseurs des Lycées de Paris sont, pour ainsi dire, contraints d'envoyer leurs élèves aux conférences de Notre-Dame. Ils en sortent avec des transports d'admiration. Un jour même il leur plaît de traduire leurs sentiments par une lettre admirable de tact et de reconnaissance; elle porte la signature de tous les élèves de philosophie du Lycée Louis-le-Grand.

Influence sur les sommités littéraires et politiques : Lamartine, Chateaubriand, le prince Demidoff, le général Cavaignac et bien d'autres, assiègent la cellule du Père de Ravignan.

Influence sur les savants, dont plusieurs vont l'écouter et lui écrivent, tels Victor Considérant, le fameux disciple de Fourier, et Buchez, le président de l'Assemblée nationale.

Influence sur les nations étrangères : la Belgique le réclame et, à Liège, la cathédrale est trop étroite. L'Angleterre veut l'entendre et il ravit la colonie française de Londres.

Appelé même à Rome, sa prédication à Saint-Louis-des-Français provoque un tel enthousiasme que la phrase finale de son dernier sermon : « Allez, allez toujours, l'espérance en Dieu ne trompe jamais », par ordre du prince Borghèse, est aussitôt gravée sur cinquante bagues d'or offertes en souvenir à l'élite de son entourage.

Faut-il dire que cette influence de l'apôtre s'étendit jusqu'à la mode elle-même ?

D'un mot sanglant, il avait flagellé, devant des dames du monde, certaines parures contraires à la pudeur. On vit tout à coup apparaître dans les salons, le soir, des fichus qu'on appelait des « Ravignan. » Près de deux siècles auparavant, on avait ainsi imaginé des « Bourdaloue. »

Telle fut, en quelques mots, l'action de ce religieux uniquement soucieux de la gloire de Dieu et du salut des hommes.

La mort vint à lui, au milieu de ses travaux.

De grands personnages sollicitèrent comme

une faveur de porter son cercueil sur leurs épaules. L'autorité civile refusa. Il fut conduit à Saint-Sulpice dans le corbillard des pauvres, suivi par une foule immense.

En face de la dépouille mortelle du Père de Ravignan, Mgr Dupanloup, en proie à une émotion profonde, développa ce texte de l'Écriture : « *Defunctus adhuc loquitur*. Il est là... il est mort... il vous parle toujours ! »

Les funérailles de l'humble Jésuite furent un triomphe ; mais Là-Haut, quel accueil encore plus magnifique ! Car, selon le mot d'un historien, M. Charles Sainte-Foi : « Le bon prêtre sera placé au-dessus des anges, et les âmes qu'il aura sauvées lui feront cortège dans le Ciel. »

Dieu veuille que la perspective de cette glorieuse destinée attire vers le sacerdoce et la vie religieuse un grand nombre de jeunes hommes épris d'idéal et de généreux élans !

Dieu veuille que l'admiration des modèles leur suscite beaucoup d'imitateurs !

APPENDICES

Appendice N° 1.

Les sociétés d'émulation.

Le maximum d'influence serait obtenu par un agriculteur qui aurait pris l'habitude de la parole publique en préparant sa licence et, mieux encore, son doctorat en droit.

On aurait grand tort de croire que l'habitude de la parole publique est un don naturel qu'on ne peut acquérir par le travail.

Les faits prouvent le contraire.

Pendant leur première année de droit, douze étudiants, sur le conseil de leur professeur, se réunissaient entre eux, une fois chaque semaine, pour plaider la cause qu'il leur indiquait. L'un était avocat demandeur, l'autre avocat défendeur, un troisième ministère public, un quatrième président, les autres juges.

Après les plaidoiries (il était défendu de les lire) et les répliques, le président rendait un arrêt conforme au sentiment de la majorité des juges. Il libellait, chez lui, ce même arrêt et le remettait au professeur qui donnait son appréciation.

Les débuts de la « Société d'émulation, » c'est ainsi qu'on l'appelait, furent modestes ; certains débutants avaient beaucoup de peine à s'énoncer et encore plus à trouver leur péroraison.

Le résultat dépassa les espérances. Tous avaient pris l'habitude de la parole et pouvaient s'exprimer couramment, sans avoir rien écrit.

Celui dont l'élocution était la plus pénible, avait fait de tels progrès, qu'à la fin de l'année, dans une réunion de jeunes gens, un orateur qui l'écoutait, prit pour un discours écrit avec soin une de ses improvisations.

Après trois années d'exercices de ce genre, plusieurs des jeunes avocats de la « Société d'émulation » débutèrent dans une session d'assises. Le président exprima en ces termes l'impression de la Cour et de tout le barreau : « Jamais nous n'avons entendu un ensemble de plaidoiries aussi recommandables pour la forme et pour le fond. »

Que ne pourraient pas des agriculteurs ainsi formés, s'ils voulaient consacrer leur talent à des conférences communales et cantonales sur toutes sortes de sujets de nature à intéresser les paysans?

Un évêque d'Angoulême disait d'un de ces conférenciers : « A lui seul, il vaut plusieurs prêtres. »

*
* *

Aux jeunes gens qui malheureusement ne pourraient suivre des cours réguliers de droit et s'exercer, comme on vient de le voir, à la parole publique, l'École supérieure d'Agriculture d'Angers permet de combler, en partie du moins, cette lacune, car voici ce que je relève dans un des rapports de M. le duc de Plaisance, président du Conseil d'administration de cette École, pleine d'avenir et déjà merveilleusement outillée en vue du but qu'elle poursuit :

« Nous avons assuré un enseignement de droit suffisant pour le besoin des futurs propriétaires qui doivent sortir de notre École, en organisant pour eux un cours spécial de droit rural et de droit administratif, et en les faisant admettre par la Faculté de droit au cours d'Économie politique. »

Cette création, due à MM. Courtois et du Plessis de Grénédan, docteurs en droit, est, dans le dernier rapport du secrétaire général, appréciée de la manière suivante :

« L'un (M. Courtois) a su vivement intéresser toute l'année, à son cours de droit administratif, ses auditeurs qui en ont vite saisi l'utilité pratique pour la vie qui les attend au sortir de l'École ; l'autre (M. du Plessis de Grénédan), dans ses cours sur les institutions sociales agricoles, leur a fait comprendre les garanties importantes que les intérêts de l'agriculture trouvent dans un grand nombre d'institutions d'ordre public ou privé, déjà prospères en France, mais qu'il importe de développer.

« Ces deux cours se rapportent aux vues les plus élevées qui ont dirigé la fondation de l'École, lorsque l'on songeait à assurer non seulement la formation technique, mais encore la formation sociale des jeunes gens qui viendraient en suivre les cours. » (Rapport de 1902.)

Appendice N° 2.

L'Institut catholique de Lille.

1. Comme toutes les Écoles d'Arts et Métiers de l'État, l'Institut catholique d'Arts et Métiers de Lille a pour objet de former des ouvriers capables de devenir des directeurs ou des chefs d'ateliers versés dans la pratique des arts mécaniques.

2. De plus, en tant qu'école catholique, son but spécial et principal est de former des chrétiens.

3. Elle n'est pas réservée exclusivement à une portion du territoire, comme l'est chacune des Écoles d'Arts et Métiers de l'État ; elle est fondée pour la France entière.

4. Les jeunes gens qui aspirent à y être admis et conservés doivent offrir, outre les conditions

d'aptitude, de docilité et de succès ordinaires aux Écoles d'Arts et Métiers, des garanties particulières de religion et de moralité.

Enseignement.

5. La durée des études est de trois ans.

L'enseignement est théorique et pratique.

6 L'enseignement théorique comprend les matières suivantes :

Compléments d'algèbre, trigonométrie rectiligne, éléments de calcul infinitésimal et de géométrie analytique, géométrie descriptive et géométrie cotée, théorie des ombres, principes de perspective et de stéréotomie, notions de cosmographie, d'arpentage et de nivellement ;

Mécanique pure et appliquée ;

Physique et chimie avec leurs applications industrielles ;

L'électricité théorique et pratique ;

Dessin industriel et technologie ;

Leçons de langue française, de philosophie morale, d'histoire, de géographie, de comptabilité, d'économie et d'hygiène industrielles.

7. L'enseignement pratique correspond aux industries qui emploient les métaux et le bois : il se donne dans cinq ateliers spéciaux, savoir : menuiserie et modèles, fonderie, forge et chaudronnerie, ajustage, électricité.

8. Nul ne peut passer d'une division à la divi-

sion supérieure s'il ne possède suffisamment les matières des cours qu'il a suivis.

9. Des brevets sont délivrés, à la suite des examens généraux de sortie, aux élèves de troisième année qui ont satisfait d'une manière complète à toutes les épreuves. Ces brevets confèrent à ceux qui les obtiennent le titre d'Élève Breveté de l'Institut catholique d'Arts et Métiers de Lille.

Conditions d'admission.

10. Nul ne peut entrer à l'Institut que par voie de concours, et nul n'est admis à concourir s'il ne justifie qu'il aura quinze ans accomplis au premier octobre, et moins de dix-sept au premier janvier de l'année du concours. Cette dernière limite est prorogée d'un an pour les candidats qui ont fait leurs études latines jusqu'en seconde inclusivement.

11. Pour être admis à concourir, il faut en adresser la demande, avant le premier mai, au Directeur de l'Institut, 6, rue Auber, à Lille.

État présent de l'École.

La discussion de l'injuste loi sur les associations, pendant l'année scolaire 1900-1901, fut une cause de trouble pour ceux qui espéraient faire entrer leurs enfants à l'Institut, mais qui ignoraient les conditions dans lesquelles la maison avait été fondée.

Afin de rassurer les familles, le Conseil d'administration fit savoir que l'Institut catholique des Arts et Métiers étant depuis son origine la propriété d'une Société entièrement laïque, la loi ne pouvait l'atteindre en aucune façon.

Au mois de juillet, les prêtres séculiers désignés pour remplacer les religieux qui devaient partir, vinrent faire un séjour à l'École, dans le but de s'initier à la marche de l'établissement.

En ces circonstances, ce qu'il y eut de plus rassurant pour l'avenir et de plus consolant pour les maîtres qui allaient se retirer, c'est que les élèves eux-mêmes prirent à cœur le maintien de toutes les traditions qui avaient conquis à l'Institut la brillante réputation dont il jouit.

Après le vote de la loi du 1er juillet, chacun d'eux remit par écrit et signé de son nom, au directeur, l'engagement de rester fidèle à l'esprit de la maison, pour la piété, la docilité, le travail, l'économie et les jeux.

Ils demandaient, en outre, qu'on voulût bien les mettre à l'épreuve, déclarant qu'ils seraient fiers qu'on leur donnât l'occasion de prouver leurs bonnes dispositions et que l'on consentît à les laisser sans surveillants.

Parmi les considérants qu'ils mettaient en avant, ils disaient que leur intention était de donner, à ceux de leurs maîtres qui devaient les abandonner, pleine sécurité sur les destinées de l'Institut, de développer en eux-mêmes, dans ce but, le sentiment de la responsabilité et de la solidarité, pour le bien, entre camarades.

Ceux qui se sont occupés d'éducation apprécieront la portée d'une pareille démarche, lors même que l'épreuve sollicitée n'aurait pas été accordée; mais elle le fut.

Les surveillants furent déclarés en vacances.

Les élèves, laissés à eux-mêmes, dévolurent l'autorité à leurs majors. Ceux-ci devaient réciter les prières dans leur division respective et régler les difficultés qui pouvaient se présenter.

Il ne s'en présenta pas.

Nous pouvons le dire avec un contentement indicible : pendant une semaine entière tout alla dans la perfection et sans maîtres, à l'étude comme ailleurs, en récréation comme dans les rangs.

Un seul élève n'avait pas signé d'engagement. La semaine terminée, il fut pris à part et félicité par le directeur, parce que son abstention avait prouvé combien était libre la résolution des élèves; l'explication qu'il en donna ajouta un charme nouveau à l'attitude qu'il avait gardée.

« J'avais grand besoin, dit-il, de travailler mes examens généraux et je craignais de ne pouvoir le faire si l'on n'avait pas de surveillant et que l'on s'amusât à l'étude; c'est pourquoi je ne voulais pas d'engagement. Quand j'ai vu la manière dont on était fidèle, à la parole donnée, j'ai bien regretté de ne m'être pas engagé et j'ai été aussi fidèle que les autres. »

Ces faits sont un monument de la délicatesse,

de l'initiative et de la vaillance que peut inspirer l'éducation qu'on reçoit à l'Institut, appuyée par l'influence moralisatrice d'un travail énergique et soutenu.

*
* *

On nous laissera donner enfin les noms de quelques-uns des membres du comité de patronage :

MM. André Bernard, de Courrières; Lucien Bollaert, de Leforest; le baron Chabaud-Latour, administrateur des mines d'Anzin; Louis Cordonnier, vice-président de la Chambre de commerce de Roubaix; l'amiral de Cuverville; H. Devilder, banquier; A. Dujardin, constructeur; Alfred Dupont, président du Conseil d'administration des mines de Courrières; Louis Dupont, administrateur des mines de Nœux; Féron-Vrau; Maurice Firmin-Didot, imprimeur à Paris;

MM. G. Kolb-Bernard; baron de la Grange; Léon Harmel; Paul Le Blan; Leclercq-Mulliez, manufacturier à Roubaix; Paul Mame, de Tours; l'amiral Mathieu; le comte Albert de Mun; le baron de Nervo, vice-président du conseil d'administration du P.-L.-M.; Jean Plichon; le baron X. Reille; Léon Renard, vice-président du Comité central des houillères de France;

MM. Edmond Rodier, administrateur de la Compagnie de Fives-Lille; vicomte de Ségur-Lamoignon; A. Sépulchre, président du Comité des Forges du Nord; marquis de Solages, député, président du Conseil d'administration des mines de Carmaux; Alfred Thiriez; Louis Tiberghien, manufacturier à Tourcoing; Werth, directeur des hauts-fourneaux, forges et aciéries de Denain et Anzin.

Les encouragements, la bienveillance et l'appui de ces sommités industrielles et commerciales, non seulement de la région du Nord, mais du pays tout entier, la sollicitude d'une direction et d'un personnel aussi dévoués qu'éclairés permettent d'envisager, pour l'Institut Catholique, l'avenir le plus prospère et le plus heureux. (Extrait du *Bulletin.*)

Appendice N° 3.

Le baron Jean Béthune et les écoles de Saint-Luc.

Fils d'un ancien membre de l'Assemblée nationale de Belgique, jeune encore, il entend le comte de Montalembert faire l'éloge de l'art du moyen âge. Les paroles du grand orateur catholique, fécondées par la grâce, le déterminent à devenir un artiste chrétien. Désormais il partagera tout son temps entre la prière, ses devoirs de famille, le soin des conférences de saint Vincent de Paul (il en devint président général pour la Flandre) et son travail d'archichecte chrétien. Il se refusera même les distractions nécessaires pour se reposer de ses fatigues.

Pour pratiquer l'art chrétien, il fallait le connaître. Sac au dos, il parcourt les pays les plus riches en monuments et en objets mobiliers du moyen-âge. Il veut tout voir et tout dessiner par lui-même et se forme d'après les œuvres originales par un travail acharné.

Il existe dans le parc du château paternel, à Marke-sur-Lys, près Courtrai, une petite niche qui imite le style du quinzième siècle; c'est le premier essai du grand artiste, essai bien fait pour apprendre aux débutants à ne point se décourager quelles que soient les imperfections de leurs premiers essais.

Il n'avait pas la prétention de se suffire pour se former. Il chercha donc un maître et s'adressa à l'illustre converti restaurateur de l'art du moyen-âge en Angleterre, Welby Pugin, descendant d'une famille française qui avait abandonné sa patrie et malheureusement aussi sa foi à l'époque des révolutions. W. Pugin appartenait donc par ses aïeux à la France comme le baron Béthune, dont la mère était issue de la noble et sainte race des barons de Renty.

Le baron Béthune aimait à raconter les anecdotes de la vie de Pugin : les grands meetings où il se déclarait hautement catholique romain et offrait, si on en obtenait pour lui la permission, de prouver par une conférence faite dans une des anciennes cathédrales et par l'étude du monument lui-même qu'elle n'avait pu être bâtie que par des catholiques romains ; ses fréquents recours à la prière dans sa chapelle pour résoudre des problèmes d'architecture ; son amour et sa connaissance détaillée de la liturgie qui lui fit demander et obtenir de l'évêque la permission de diriger en surplis comme maître des cérémonies la consécration d'une cathédrale qu'il avait construite.

L'office fini, il fit au célèbre archéologue Didron les honneurs de la nouvelle basilique ; comme il se voyait seul à faire la génuflexion devant l'autel du Saint-Sacrement, il dit à Didron : « Vous autres, Français, qui possédez les plus belles cathédrales du monde, comment pouvez-vous les comprendre et les imiter si vous ne connaissez pas le Souverain Maître pour lequel elles sont faites et qui les habite ? »

Sa piété était particulièrement délicate pour les âmes du purgatoire. Quand les flots jetaient des naufragés au pied de la falaise où s'élevait son château, il présumait qu'ils étaient catholiques et faisait célébrer un service pour le repos de leur âme.

Pugin plaida devant l'Angleterre la cause de l'art chrétien avec érudition et avec esprit. Un de ses ouvrages qui eut le plus d'influence fut le *Livre des Contrastes*. On y voyait par exemple, en regard l'une de l'autre, une gracieuse fontaine du moyen âge à écoulement constant et un lourd pilier pyramidal où un levier de pompe est immobilisé par un cadenas ; le massif portique pseudo-grec d'Euston et la gracieuse porte d'un des collèges d'Oxford.

Mais Pugin ne consentit qu'à donner des conseils et ne voulut jamais d'élèves proprement dits. Le baron Béthune a donc dû surtout à ses études personnelles et à son goût, sa science très étendue et son beau talent.

Il a donné, à qui les lui demandait, des dessins d'art chrétien de tous genres, sans vouloir jamais être payé de sa peine autrement que par de reconnaissantes prières.

Levé de très grand matin, il assistait tous les jours au saint sacrifice de la Messe, y communiait et consacrait sa journée au travail, parfois même ses nuits. Par esprit de pauvreté, toujours très modestement vêtu, il travaillait assis sur un rude escabeau de bois dans un cabinet sans ornements, et se refusa chevaux et voitures, tant que sa santé lui permit de faire ses courses à pied.

Parmi ses œuvres, citons l'abbaye de Maredsous (1) avec sa magnifique clôture de chœur et son grand Christ triomphal, le nouveau Béguinage

(1) Le baron Béthune critiquait lui-même son œuvre avec cette humilité qui caractérise les grands talents. On peut en effet y regretter tel ou tel détail, notamment le jour trop clair des grandes lancettes et de la rosace du fond de l'abside, ce qui éblouit les yeux et empêche de bien voir le chœur, peut-être aussi la grandeur des fenêtres des cellules. Mais ce dernier point fut la réponse de l'architecte aux appréhensions de certains moines qui se figuraient que toute maison construite en vrai style moyen âge comportait partout à l'intérieur l'obscurité, tout au moins le demi-jour. L'abbé d'un grand monastère bénédictin, qui lui aussi se permettait certaines critiques, disait de Maredsous : « Je ne connais rien de plus beau au monde après le mont Saint-Michel. »

de Gand, petite cité moyen-âge qui peut contenir six ou sept cents Béguines, le nouveau cimetière catholique de Gand dont la disposition rappelle le Campo Santo de Pise, la restauration des mosaïques du dôme d'Aix-la-Chapelle, le château de Lophem, près Bruges, la châsse du Bienheureux Charles le Bon, plusieurs autres châsses de style moyen âge.

Impossible d'énumérer tous les objets mobiliers, statues, stalles, autels, retables, ostensoirs, reliquaires, calices, ciboires, chandeliers, crucifix, broderies, tapisseries, ornements, étoffes, vitraux exécutés d'après ses dessins. Sa dernière œuvre est une très riche croix de salon en cuivre ciselé reproduite en chromolithographie dans l'ouvrage illustré du P. Hoppenot sur le crucifix.

Plus prévoyant que beaucoup de grands génies, il songea à sa survivance d'artiste. Il fit mieux : il y parvint lui-même par deux fondations.

La première est la Gilde de Saint-Thomas et de Saint-Luc, association d'artistes et d'amis de l'art chrétien. Chaque année, elle publie le compte rendu illustré de ses travaux et de son excursion faite tantôt en Belgique, tantôt dans une nation voisine; réunions savantes et charmantes où l'on voyait s'asseoir à la même table les représentants les plus illustres du centre allemand, le chef de la droite catholique Hollandaise et un lord-maire de Londres!

La seconde fondation est l'école ou plutôt les écoles de Saint Luc. D'abord pendant deux années écoles de dessin à main levée; ensuite, pendant huit années, écoles soit d'architecture et d'arts industriels, soit de sculpture ou de peinture.

Outre le choix savant et judicieux des œuvres à reproduire, cet enseignement est extrêmement remarquable à cause de la suite logique des exercices et l'absence totale, absolue, de tout ce qui pourrait blesser la pudeur la plus délicate.

Pour ne citer que les écoles dirigées par les Frères des écoles chrétiennes, Lille compte 180 élèves, Gand 600, Bruxelles 400, Molenbeke 140, Tournai 200.

Quand les spécimens des travaux des élèves tombèrent sous les yeux du jury de l'Exposition universelle de Paris en 1889, à l'unanimité spontanée des premiers suffrages, l'école fut jugée hors pair et tous voulurent se rendre compte des moindres détails. La franc-maçonnerie Belge se trouva humiliée par ce jugement. Ce fut elle, paraît il, qui obtint que les écoles de Saint-Luc n'auraient pas une récompense spéciale et seraient comprises dans les travaux des Frères, qui leur valurent la médaille d'or.

Ce qui ravissait l'âme profondément chrétienne du baron Béthune (et il le disait souvent), c'était la pensée que ses écoles arracheraient des milliers d'enfants et de jeunes gens aux études si dangereuses qui préparent à la pratique d'un art païen et parfois pire que le païen. Les Frères visiteurs de ces écoles témoignent tous qu'au fur et à mesure qu'ils avancent dans leurs études, les élèves s'imprègnent de piété et d'esprit chrétien.

Malgré cela, diraient les indifférents et les impies, à cause de cela, pensait le baron Béthune, les artistes (et personne ne conteste ce résultat) se forment plus vite, conçoivent plus nettement un idéal plus pur et l'exécutent avec une facilité merveilleuse. Leur sûreté de coup d'œil, leur rapidité de main sont prodigieuses. Que de fois leurs personnes, leurs méthodes, leurs travaux se sont imposés à des hommes ennemis des œuvres catholiques, mais qui avaient assez de goût et d'indépendance pour juger en artistes et non en sectaires les questions d'art! (Notes d'un ami sur le baron Béthune.)

Appendice N° 4.

Lettre de Gounod à M. Lambert de Sainte-Croix, sur l'influence de la musique grégorienne; lettre lue au Sénat, dans la discussion du budget, séance du 23 décembre 1882.

« Mon cher ami,

« En me rappelant que le Sénat était saisi de la discussion relative au maintien ou à la suppression des maîtrises, en France, vous m'avez demandé de vous faire connaître mon opinion à ce sujet.

« Je vous en donne la substance et je m'en remets à vous pour la défense d'une cause dont le triomphe ou la défaite sont à mes yeux d'un intérêt capital pour l'avenir même de la musique dans notre pays.

« La thèse se résume toute entière dans ces deux points très simples et incontestables :

« 1° Tout ce qu'il y a eu de grands musiciens a été formé par les maîtrises ou par l'esprit des maîtrises.

« 2° Les supprimer, c'est prendre le plus sûr moyen de *ruiner l'éducation musicale sérieuse et véritable.* (*Très bien, très bien, à droite.*)

« Le moyen âge, d'abord, est là tout entier pour répondre; l'Orient et l'Occident sont unanimes; les cathédrales sont l'œuvre de l'architecture et de la musique.

« A la Renaissance, les Flandres, l'Allemagne, la France, l'Espagne, l'Italie enfantent des légions innombrables de musiciens célèbres, tous consacrés à la glorification de l'art religieux auquel ils ont donné des chefs-d'œuvre. Il suffit de rappeler, entre autres, les noms de Palestrina en Italie, de Vittoria en Espagne, d'Orlando de Lassus en France, de Tallis en Angleterre sous Élisabeth, de Jean Certon, de Claude Goudimel, de Clément Jannequin, de Joseph des Prés et tant d'autres.

« Plus tard, Sébastien Bach, ce colosse sur lequel repose toute la musique des temps modernes; Haëndel, le géant de l'oratorio en Angleterre.

« Plus près de nous encore, en Italie, Marcello, Clari, Pergolèse, Porpora, le maître du grand Haydn. (*Très bien, très bien, à droite.*)

« De nos jours enfin, l'abbé Vogler, le maître de Weber et de Meyerber.

« J'en passe, et des meilleurs.

« Et ce qui est vrai pour les musiciens compositeurs, l'est également pour les chanteurs. L'art du chant est sorti des maîtrises, Lablache, Faure ont été enfants de chœur.

« Il faut être complètement étranger à l'art du chant pour méconnaître la cause d'un tel résultat. Cette cause est la connaissance et la pratique du plain-chant.

« Là est le secret de l'éducation musicale des grands compositeurs et des grands chanteurs. Le plain-chant est la clef de la plus haute et de la plus féconde initiation à la science de l'harmonie et à l'ampleur de la mélopée.

« Pour ce qui concerne les ressources et l'étendue de l'harmonie dans le domaine de la composition, j'en appelle aux œuvres impérissables de Palestrina et de Sébastien Bach, ces deux grands docteurs.

« Il y a plus : je ne sache pas une œuvre sortie du cerveau d'un grand maître qui puisse affronter le parallèle avec la majesté redoutable de ces chants sublimes que nous entendons chaque jour dans nos églises pendant les cérémonies funèbres : le *Dies iræ* et le *De profundis*. Rien n'atteint à cette hauteur et à cette puissance d'expression et d'impression.

« Les maîtrises sont peut-être le seul lieu où l'étude du chant se poursuive et puisse se poursuivre à l'abri de la plus pernicieuse préoccupation, celle de l'*effet ;* préoccupation fille de la *vanité*, et qui ne peut créer de serviteurs à la *vérité*.

« La cause des maîtrises est celle de la *probité musicale.*

« Voilà, mon cher ami, ce qu'il faut défendre et sauver, sous peine d'assister au déclin et à la ruine du grand art de la musique. (*Très bien, très bien et applaudissements à droite.*)

« Tout à vous,

» CH. GOUNOD. »

APPENDICE N° 5.

Texte de St-Alphonse de Liguori.

« Combien de prêtres se verront, au jour du jugement, misérablement damnés pour avoir voulu recevoir les Saints-Ordres dans la vue de plaire à leurs parents !

« Chose inconcevable, si, poussé par une vocation divine, un jeune homme veut entrer en religion, que ne font point alors les parents, soit par passion, soit dans l'intérêt de leur famille pour le détourner d'un état auquel Dieu l'appelle. Une telle conduite, qu'on y prenne bien garde, ne saurait être excusée de péché mortel. »

(Œuvres complètes, traduites par Léopold Dujardin, Œuvres ascétiques, t. XIII, ch. x).

TABLE DES MATIÈRES

CHAPITRE VII

La carrière des lettres.

CHAPITRE VIII

Les Beaux-Arts.

CHAPITRE IX

La médecine.

CHAPITRE X

L'armée.

CHAPITRE XI

La marine.

CHAPITRE XII

Le sacerdoce.

APPENDICES

ÉMILE COLIN — IMPRIMERIE DE LAGNY

ERRATA

Page 50, ligne 8, au lieu de *Grahambell*, lire : *Graham Bell.*

Page 68, ligne 23, au lieu de *épèle*, lire : *épelle.*

www.ingramcontent.com/pod-product-compliance
Ingram Content Group UK Ltd.
Pitfield, Milton Keynes, MK11 3LW, UK
UKHW031836260826
14628UKWH00001B/428

9 782019 716189